남북한 교류협력 거버넌스의 구조와 동학

서울대학교통일학연구총서 18

남북한 교류협력 거버넌스의 구조와 동학

펴낸곳 서울대학교출판문화원
펴낸이 오연천
지은이 정근식 · 정은미 · 강동완

초판 1쇄 인쇄 2012년 8월 25일
초판 1쇄 발행 2012년 8월 30일
출판등록 제15-3호

주소 서울 관악구 관악로 1 우편번호 151-742
대표전화 02-880-5252 **팩스** 02-888-4148
마케팅팀(주문상담) 02-889-4424, 02-880-7995
이메일 snubook@snu.ac.kr
홈페이지 www.snupress.com
영문홈페이지 eng.snupress.com

ISBN 978-89-521-1277-4 94300
978-89-521-1029-9 (세트)

서울대학교통일학연구총서 18

남북한 교류협력 거버넌스의 구조와 동학

정근식·정은미·강동완 지음

서울대학교출판문화원

The Structure and Dynamics of Inter-Korean Exchanges and Cooperation Governance

Jung, Keun-Sik

Jeong, Eun-Mee

Kang, Dong-Wan

Seoul National University Press

서울대학교통일학연구총서를 내면서

냉전체제가 와해되고 남북교류가 증대하면서 21세기 한반도의 창조적 미래구상이 절실히 요청되고 있다. 우리의 희망과는 달리 남북관계는 여전히 불안정하고 국제정세 또한 유동적이지만, 상호적대적인 분단체제는 더 이상 유지되기 어려운 상황임이 분명하다. 민주화와 경제발전을 성공적으로 이룩한 우리 사회의 역량을 바탕으로 이제 통일한국의 미래를 기획하고 추진하는 일이 핵심적인 시대적 과제로 부각되고 있다.

어떤 형태의 통일이 바람직할 것인가에 대해 완전한 합의를 얻기는 쉽지 않다. 통일이 이루어질 시기를 예측하기도 어려우며, 통일 과정이 반드시 점진적이거나 평화적일 것이란 보장도 없다. 우리가 원치 않는 방식으로 통일문제에 맞부딪치게 될 가능성도 얼마든지 있다. 그럼에도 불구하고, 아니 그렇기 때문에 통일에 대한 연구는 더욱 총체적인 시야에서 체계적으로 이루어져야 한다. 실제로 통일 과정에 돌입했을 때 그 전 과정을 적절히 관리할 역량이 갖추어지지 못하면 오히려 심각한 갈등과 후유증을 겪을 우려가 크기 때문이다.

통일 논의가 구체화되고 정책적 실현가능성이 높아질수록 그에 적합한 전문성과 책임성을 갖추기 위해 노심초사해야 하는 것이 한국 지식인의 책무일 것이다. 반세기 이상 남북한 주민들이 경험해 온 상이한 제도와 관행을 적절히 통합하고 전쟁의 상처와 오랜 대립에서 비롯되는 적대감과 이질성을 극복하기 위해서는 고도의 전문성과 기획력이 무엇보다도 필요하다. 한반도 통일을 바람직한 동북아 지역질서와 연계시키고 보다 나은 공동체를 구현하는 일도 지식인들의 높인 식견과 섬세한 대응역량이 없이는 불가능하다.

서울대학교는 2003년부터 통일학 연구 지원 사업을 시작하였고, 우리 사회의 지적 대응능력을 키우는 데 진력하고 있다. 서울대학교의 통일연구사업은 북한에 대한 지역연구 차원을 넘어서 통일 과정 전반에서 고려되어야 할 쟁점들을 학제적으로 분석하는 데 목적을 둔다. 따라서 정치, 경제, 사회, 역사, 문화, 환경의 영역은 물론이고 농학과 의학, 과학기술과 예술 및 체육에 이르기까지 광범위한 영역을 포괄한다. 이 일을 총괄하는 서울대학교 통일평화연구원은 국내외의 연구기관 및 연구자들과 교류하면서 종합학문으로서의 통일학을 정립하고자 애쓰고 있다.

서울대학교 통일학연구총서는 이러한 학문적 노력의 결실이다. 이 신서가 우리 시대 최대의 과제인 분단극복과 통일한국을 향한 역사적 장정에 긴요한 지적 자산이 되기를 기대한다. 또한 소모적인 이념 논란을 지양하고 창조적인 대안과 정책적 지혜를 탐색하는 이성적 도구로 활용되기를 바란다. 끝으로 통일 연구의 시대사적 중요성을 인식하고 서울대학교 통일연구사업의 제도적 바탕을 마련해 주신 정운찬 전 총장님과 변함없이 이 연구사업을 지원, 격려해 주신 이장무 전 총장님, 그리고 종전의 통일평화연구소를 통일평화연구원으로 승격하여 새로운 도약과 발전의 기틀을 마련해 주신 오연천 총장님께 깊은 감사를 표한다.

2011년 9월
서울대학교 통일평화연구원

머리말

2000년 6월의 남북정상회담 이후 약 8년간 지속된 남북한 간의 교류협력은 평화통일의 길로 가기 위한 중요한 경험이었다. 이 기간 동안에 우리가 얻은 경험을 어떻게 해석할 것인가는 남한 사회 내부의 이념적 입장에 따라 다르지만, 단기적이거나 이벤트적이었던 이전의 남북교류에 비하면 양적으로나 질적으로 비교할 수 없는 역사적 경험이었음은 부인할 수 없다. 1953년 정전회담에 따라 분단체제가 공고화된 이후, 남북한 간의 긴장과 대립을 완화하기 위한 노력은 1972년의 7·4공동성명과 1990년의 남북기본합의서 채택 등으로 표현되었으나, 이들이 주로 당국 간 대화와 단기적인 상호 방문에 그쳤다면 2000년 남북정상회담 이후의 남북한 간 교류와 협력은 정부의 공식적 정책으로, 그리고 국제적으로 공인된 방식으로 진행되는 것이어서 정치사회뿐 아니라 다수의 시민단체와 시민들이 참여할 수 있었다. 거기에는 금강산 관광과 개성공업단지의 조성 등 냉전·분단시대에는 상상하기 어려운 규모와 방식의 협력 프로젝트가 포함되었고, 지속기간도 상대적으로 짧지 않았으며, 정치사회적 효과도 매우 큰, 좀 더 적극적으로 평가하면 미래의 평화를 만들어 가는 기반 구축적 사업이었다고 할 수 있다.

이런 정책의 성과가 원래 의도한 대로 신뢰의 강화와 이에 기초한 정치적·군사적 대립과 갈등의 해소로 나아갈 것인가, 아니면 서로 기대했던 바가 충족되지 않음으로써 과거로 회귀할 것인가는 새롭게 출현하는 여러 국내적·국제적 요인과 남북한 국가권력의 성격에 따라 달라질 수 있는 것이었다. 결국, 북한의 핵무기 개발 문제와 개혁·개방의 지연에 따라 2008년 이후 새롭게 출범한 남한 정부의 대북정책은 이전과는 전혀 다른 압박정책으로 선회하였다. 그동안의 교류협력 네트워크도 모두 해체되거나 동결되었으며, 이후 남북관계는 천안함 사태나 연평도 포격 사건으로 얼어붙었고, 북한의 최고정치권력 세습은 단절된 남북관계를 더욱 어렵게 만들었다. 이런 상황에서 개성공단이 폐쇄되지 않고 그대로 유지되었다는 사실 자체가 오히려 신기할 정도였다. 급기야는 남한 정치에서 이른바 '종북 문제'가 커다란 이슈로 등장하기에 이르렀다. 새로운 정부가 출범할 2013년 이후 이러한 남북관계가 얼마나 변화할 수 있을지 우려와 기대가 교차되는 상황이다.

이 연구는 원래 김대중·노무현 정부가 추진한 대북포용정책의 한계를 극복하고 새로운 남북관계를 정립하기 위해 제도적 틀을 어떻게 정비할 것인가를 고민하면서 시작되었다. 남북관계는 국제적 환경과 국내의 다양한 정치적 요인들에 의해 영향을 받으며, 정치적·군사적 안보의 차원과 경제 및 사회문화적 발전의 차원이 항상 동시적으로 진행되지는 않는 특성을 지닌다. 분단상황에서는 존재하지 않았던 상호 소통의 틀과 언어들이 새로운 교류협력에 따라 어떻게 형성되고, 이런 교류협력이 급속히 확대될 때 어떤 제도적 기반의 변화와 효과를 초래했는가는 정치적인 쟁점일 뿐 아니라 사회과학적 연구의 흥미로운 대상이 된다. 남북한이 서로 다른 정치적 이념과 제도적 기반 위에 존재하기 때문에 서로 간에 교류와 지원이 이루어질 때 정부의 역할에 대한 기대가 서로 다르고, 시민사회적 차원에서는 파트너를 찾기 어려운 상황이 나타난다. 남북한 간의 교류는 동질적인 민족 내부의 교류를 넘어서 이질적인 사회들 간의, 즉 복잡한 구조와 다양한 의사결정이 이루어지는 사회와 하나의 원리와 집중적 의

사결정이 관철되는 사회와의 교류이다. 특히 복잡한 사회구성과 의사결정구조를 가진 사회에서 교류의 큰 방향을 정하고 상호 간의 역할을 조정하는 일은 쉬운 일이 아니며, 교류의 양상을 파악하기도 쉽지 않다.

이 연구는 남북한 교류협력 시기에 정부와 시민사회 등 다양한 행위자들이 어떠한 관계맺기를 했으며, 그것이 지속되기 위한 제도적 틀을 어떻게 만들어 갔는지를 탐구한 것이다. 우리는 그것을 '교류협력 거버넌스의 구조와 동학'이라고 명명하였다. 즉, 사회문화 분야에서 교류협력의 주요 행위자는 누구인지, 그리고 이들 행위자 간의 네트워크는 어떻게 형성되며, 행위자가 갖고 있는 권력과 자원이 무엇인지를 밝히려고 하였다. 이를 위하여 우리는 지난 교류협력의 시기에 중심적인 역할을 했던 조직과 기구를 선정하고 이를 대표할 만한 이들과 심층적인 대화를 시도하였다. 이런 문제의식과 심층 인터뷰는 과거에 대한 성찰일 뿐 아니라 불원간에 다시 이루어질, 또는 다시 재개되어야 하는 제2단계 평화통일을 향한 교류협력의 국면을 대비하기 위한 것이다. 이 과정에서 우리는 한반도의 평화를 구축하고 분단을 극복하기 위해서는 남북한 간의 교류가 신뢰를 바탕으로 보다 생산적이며 균형적인 방식으로 이루어져야 한다는 것을 다시 한번 느꼈다.

이 책을 발간하기까지 많은 분들의 수고와 노력이 있었다. 먼저 이 연구가 분석 사례로 삼고 있는 민주평화통일자문회의, 민족화해협력범국민협의회, 대북협력민간단체협의회, 그리고 6·15남북공동선언실천위원회에 몸담았던 관계자들의 적극적인 협조에 감사드린다. 이들의 솔직하고 전문적인 정보 제공이 이 책의 밑바탕이 되었다. 또한 과거의 대북 거버넌스에 대해 좀 더 객관적인 분석이 가능할 수 있도록 조언을 아끼지 않았던 전 통일부 관계자, 그리고 월간 『민족21』의 정창현 대표와 안영민 주간에게도 감사를 드린다. 연구가 진행되는 과정에서 자료를 정리해 준

서울대학교 대학원 정치외교학부의 김윤의 씨에게도 고마움을 전한다. 이 연구가 진행되고 책이 출판되기까지 물심양면으로 지원해 준 서울대학교 통일평화연구원과 출판문화원에도 감사의 말씀을 전한다.

2012년 6월 15일
12년 전의 감격을 생각하며
저자 일동

차례

표 차례

그림 차례

제1장

들어가며

1990년대 이후 조금씩 움트기 시작한 남북한 간의 교류는 김대중·노무현 정부의 햇볕정책과 화해협력정책 아래서 급속하게 확장되었다. 하지만 변화의 속도와 성격은 영역마다 매우 다르게 나타났다. 정치·군사 영역은 남북한 체제 존립의 근간에 해당하는 문제인 데다 정전체제의 국제적 성격이 깔려 있는 만큼 변화의 속도가 빠르지 못했고 제도적인 변화를 추동하는 힘도 크지 못했다. 경제 영역은 체제가 완전히 다른 남북한 사이에서 시장 메커니즘을 통한 변화보다 금강산관광사업·개성공단사업과 같은 특수한 경제협력방식을 통해 교류가 이루어졌다. 금강산관광사업은 일시 중단된 상태이지만, 개성공단 모델은 민족경제의 새로운 가능성을 찾는 유의미한 실험으로 평가되고 있다. 한때 경제적 교류나 활동의 기본원칙과 시장원리가 확보되지 못한 상태에서 지속가능성에 대한 우려가 있었지만, 그래도 가장 안정적으로 유지되고 있다.

사회문화는 앞의 두 영역에 비해 가장 큰 진전과 변화를 보인 영역이다. 다양한 영역에서 자율적인 민간 분야가 주도하여 교류협력을 추진했기 때문에 정치적 부담이나 경제적 이해타산으로부터 비교적 자유로울 수 있었다. 또 동포애와 인도주의 정신에 기초한 지원과 도움을 기본원리로 한 활동이 많았기 때문에 보수적인 이념을 지닌 단체들도 적지 않게 참여하였다. 그 결과 지난 10년간 대북지원과 남북한 교류협력사업에 종사하는 시민단체 내지 개인들은 상당한 규모로 성장했고 의료지원, 제빵공장·농업기반시설·주택 건설, 결핵퇴치, 아동구호 등 다양한 분야의 지원과 함께 학술교류, 문화교류, 자료교환과 같은 상호 소통과 협력의 틀이 확장되었다. 여기에는 물론 정부의 제도적 지원과 대북지원기금의 활용이 큰 몫을 했던 것도 사실이다. 서울대학교 통일평화연구소에서 산출한 남북통합지수에서 2000~2007년간 매우 뚜렷한 성과를 드러낸 부분도 사회문화 영역에서의 교류협력이었다.[1]

남북관계가 지속적으로 교류협력의 방향으로 진전되어 간다면 정치·군사적 긴장 완화, 경제적 협력과 상호 보완성의 확대, 그리고 사회문화적 동질성의 회복이 지속적으로 균형 있게 확산될 것이다. 하지만 아쉽게도 2008년 이후 남북관계는 이런 방향에서 후퇴하여 교류의 항목과 빈도가 대폭 축소되었다. 그동안의 대북포용정책이 북한의 근본적인 변화를 가져오는 데 큰 효과를 발휘하지 못했다고 평가하는 이명박 정부의 정책 변화가 가장 큰 요인이라고 할 수 있다. 이명박 정부는 대북정책에서 북한의 비핵화를 최우선으로 하고 상호주의 원칙을 중시하는 입장을 유지하였다. 이에 반해 체제보장을 위한 핵개발 전략과 민족관계의 특수성을 강조하는 북한의 기조는 바뀌지 않았다. 남한의 지원은 수용하되 자신의 안전보장이나 체제유지는 이와 무관한 영역이라고 보기 때문이다. 이처럼 남북한의 교류협력은 어느 한쪽의 요인이라기보다는 항상 양쪽 모두의 정책과 의지가 작용하는 영역이며, 여기에 미국이나 중국 등 주변 강대국의 입장에 의해 상당한 영향을 받는 영역이다.

---

1 김병연·박명규·김병로·정은미, 『남북통합지수, 1989~2007』, 서울대학교출판문화원, 2009.

이명박 정부가 출범한 후 남북관계는 계속해서 경색되어 가고 있으며, 2012년 4월 북한의 '광명성 3호' 발사 이후 1년도 채 남지 않은 임기 동안 남북관계가 크게 달라질 것으로 보이지도 않는다. 이런 상황에서 대북협력과 지원이라는 김대중 정부와 노무현 정부의 10년간의 경험을 냉정하게 평가하고 분석하는 기회로 삼을 필요가 있다. 오랫동안 닫혀 있던 두 사회가 다시 소통하기 시작했을 때 누구나 최선의 결과를 가져오기 위해 노력한 것이 사실이지만, 현재의 시점에서 되돌아보면 지난 10년의 정책과 변화에는 보완되었더라면 좋았을 여러 가지 문제와 한계가 없지 않았다. 따라서 남북한 민간교류의 성격, 시민사회의 자발적 동력의 재생산구조 등을 점검할 필요가 있다. 사회문화 분야의 교류협력은 정부정책의 변화에 따라 근본적으로 영향을 받는 상황이었지만, 시민사회의 자발성이나 남북한 민간 영역의 독자적 소통구조 등에 관하여 치밀하게 분석해 보고 미래를 준비하지 않으면 안 된다.

지난 시기의 경험에서 계속 지켜나가야 할 소중한 자산과 극복해야 할 문제점을 분석적으로 가려내고, 이로부터 새로운 대북교류의 제도적 틀을 재구성하는 노력이 필요한 시점이다. 비록 당장의 교류협력이 지체되고 뒷걸음질하는 것은 안타깝지만 이 기간에 지난 경험을 바탕으로 새로운 제도적인 틀과 거버넌스의 지혜를 마련할 수 있다면 현재의 시기는 새로운 기회를 제공해 줄 수 있다. 이 연구는 바로 이러한 관점에서 북한 당국과 남한 정부 사이에서 일정한 조율을 담당했던 사회문화협의체의 거버넌스 시스템을 분석해 보려는 것이다.

1998년부터 2007년까지 진행된 사회문화 분야의 교류협력사업은 그 자체로 매우 소중한 경험적 자산이다. 우선 남북한 간에 전에 없던 교류협력의 경험을 쌓았다는 점은 큰 소득이다. 민간 영역의 교류협력은 경제적인 이해관계나 정치·군사적 힘의 논리가 아닌, 상호 이해와 소통을 통해 마음으로부터의 통합과 통일을 가능하게 하는 근간이 된다. 실제로 지난 10년

동안 남북한 간의 오랜 적대감이 상당히 완화된 배경에는 이런 접촉과 교류의 영향이 컸다. 또 하나 무시할 수 없는 소득은 이 분야의 발전 과정에서 겪은 여러 가지 갈등과 문제들을 확인한 점이다. 교류협력의 발전 과정에서 새롭게 부딪친 각종 문제와 내부의 갈등, 사회적 합의의 어려움, 자율성 약화 등은 앞으로 이 분야의 진전을 위해 반드시 극복하지 않으면 안 되는 과제들이다.

지난 김대중·노무현 정부 10년 동안의 남북한 교류협력 분야를 되돌아보면서 교훈을 얻으려 할 때 다양한 민간단체를 서로 연결하고 정부와의 관계를 조율하며 북한과의 사업을 추진해 가는 거버넌스 과정 전반에 대한 종합적 평가가 중요하다. 그 가운데서도 민간 분야의 대북접촉과 교류협력을 원활하게 하기 위해 만들어 낸 제도적 절차를 분석적으로 검토하는 일은 매우 중요하다. 남북관계의 특수성 때문에 지난 시기는 대북민간단체를 포함하여 내부와 외부를 조율하기 위한 협의체가 만들어졌고 이를 통해 독특한 거버넌스의 제도화가 시도되었다. 정부의 개입 정도, 민간단체의 수와 성격, 재정의 원천이나 북한과의 채널 등에서 차이점이 있지만 대체로 개별 단체들의 관심과 이해를 반영하면서 때로 대북민간단체들의 대표자 역할도 하고 때로 정부의 대리자 역할도 하는 독특한 협의체들이 만들어지고 이들을 중심으로 교류협력사업이 추진되었던 것이다.

이 연구에서는 바로 이 교류협력협의체의 거버넌스를 중심으로 다음과 같은 점들을 주요한 연구 질문으로 제기하고 있다.

첫째, 이들 협의체가 포괄하는 민간 분야의 다양한 집단이나 단체의 범위는 어디까지인가? 민간 부문은 정부나 기업과는 달라서 매우 다양하고 이질적인 집단들을 포괄하게 마련이다. 자유와 민주주의가 보장되는 사회의 시민사회 영역은 이념적으로도 다양하고 자원의 종류나 협력의 방식, 참여의 성격도 매우 이질적이다. 따라서 민간 분야를 조율한다는 것은 정치와 경제 영역에 비해 훨씬 어렵다. 지난 10년간 이 분야를 조율해 온 이들 협의체는 내부적으로 얼마나 많은 주체들을 포괄했으며, 그런 포괄성과 대표성을 어떻게 구축할 수 있었는지를 검토한다.

둘째, 협의체의 내부의사결정구조는 어떠했는가? 민간 분야의 단체들은 매우 다양하고 자율적이기 때문에 이들을 조율하고 자발적인 동의를 구하기 위해서는 민주적이면서도 통합적인 거버넌스가 요청된다. 지난 10년의 경험에서 우리 사회에서는 어떤 거버넌스를 발전시켰고 그 속에서 민주적 동의의 과정이 어느 정도 제도화될 수 있었는지를 고찰한다. 또한 협의체 지도부와 참가단체들의 상호작용과 소통의 방식에 대해서도 검토한다.

셋째, 협의체들은 정부와의 관계를 어떤 방식으로 조절·관리하는가? 남북관계에 참여하는 민간 부문은 불가피하게 정부와 협조적 관계를 설정하지 않을 수 없다. 법적인 제약이 따를 뿐 아니라 정부 정책과의 유기적 협조가 필수적이고, 때로는 정부의 요구에 부응할 필요가 있기 때문이다. 정부의 대북정책이 종종 이념적 논란이나 정치적 비판의 대상이 될 수 있기 때문에 민간 부문이 정부와 관계를 맺는 데는 늘 효율성과 위험성이 공존하기 마련이다. 특히 특정한 정책과 지나치게 결부된 민간 영역은 바로 그 때문에 정치적 논란의 대상으로 변질될 우려가 크고, 자칫 민간 부문의 자율성과 독자성이 훼손되기 쉽다. 이런 측면에서 지난 10년의 경험을 어떻게 평가할 것인가가 주요 검토 대상이다.

넷째, 협의체들은 북한과의 접촉을 어떤 형태로 진행하고 관리하는가? 남북교류는 매우 특이한 체제인 북한을 대상으로 한다. 비록 민간 부문의 교류협력이라 해도 북한에서는 민간 부문의 자율성이 거의 존재하지 않는다. 따라서 북한 당국이 실질적인 영향력을 행사하는 대남접촉부서와 일정한 소통의 채널을 유지하고 그들이 수용할 수 있는 방식의 접촉구조가 필요하다. 바로 이 때문에 민간 부문의 자율적인 교류협력도 실질적으로는 상당한 수준에서 통제되고 일정한 틀을 넘어서기가 쉽지 않다. 교류협력의 진전을 위해서는 북한 당국의 요구에 부응해야 하고, 그런 방식에 순응할수록 민간 분야의 자율성과 다양한 요구가 실현될 가능성이 적어지는 딜레마가 내재하는 것이다. 또 북한과의 접촉과 사업 추진이 가능하다는 것 자체가 일종의 특권 또는 권한이 되면서 북한 당국의 간섭과 요구가 지나치게 강한 영향력을 발휘하게 되거나, 대내적으로는 특정 집단이 이른바 '창구권력'을 독점하는 부작용이 나타나기도 한다.

다섯째, 협의체들은 북한과의 교류협력을 위해 필요한 자원을 어디로부터 조달하는가? 이는 민간 부문의 사업에서 매우 중요한 문제이다. 특히 대북사업의 경우는 경비의 규모가 크고 지속적이어야 하며 상호 간 다양한 방식과 자율적인 접촉이 제한되어 있는 까닭에 정부지원금에 의존하는 경향이 컸다. 남북협력기금은 많은 시민단체와 민간 부문이 북한과의 교류협력을 활성화하도록 도와준 측면이 있지만, 동시에 이들로 하여금 정부의 자원에 의존하게 만드는 부작용도 키웠다. 짧은 기간에 급속하게 사회문화적 교류협력이 발전한 원인을 자원동원의 측면에서 분석할 필요가 있다.

여섯째, 협의체들은 커뮤니케이션의 측면에서 어떤 어려움을 가장 크게 겪었는가? 조직사회학적으로 볼 때 독특한 형태의 거버넌스 협의체들은 내부단체들과의 소통, 민주적 동의와 의사결정방식, 정부와의 관계 및 북한과의 접촉, 자원 확보와 자율성 유지 등의 측면에서 어려움을 겪어 왔다. 따라서 지난 10년의 경험 속에서 각 협의체들이 어떤 문제를 가장 심각하게 경험했으며 무엇이 가장 부정적인 결과를 가져왔는가, 불가피하게 치러야 할 기회비용은 무엇이었고 앞으로 반드시 극복해야 할 오류는 무엇이었는가를 검토해 보는 것은 학문적으로나 미래의 정책 구상을 위해서나 매우 중요한 일이 아닐 수 없다.

이 연구에서는 사회문화 분야에서 교류협력사업을 관할해 온 협의체 조직으로 민주평화통일자문회의, 민족화해협력범국민협의회, 대북협력민간단체협의회, 6·15공동선언실천남측위원회 등의 활동을 검토하고자 한다.

이들 네 사례는 조직형태, 법적 기반, 참여자의 성격, 자원의 기반 등에서 매우 다양하기 때문에 하나의 틀로 분석하기 어려운 점이 없지 않다. 하지만 앞에서 말한 대로 지난 시기 민간 부문의 대북교류협력사업은 이들 협의체의 틀을 통해 가장 많이 추진되었고, 지금까지도 이들의 제도적 기반은 남북한 교류에서 핵심적인 골간을 이루고 있다는 점에서 대표성을 가진다.

민주평화통일자문회의는 1980년대 초반에 만들어진, 헌법에 규정된 광범위한 통일 관련 민간대표기구라고 할 수 있다. 그러나 정부조직법에 의해 지원과 규제를 함께 받고 있기 때문에 그 지향이나 활동의 스펙트럼이 넓지 않은 특성을 지닌다. 민족화해협력범국민협의회는 공식적으로 가장 많은 민간단체가 참여하고 있는 거대한 연합체 기구로서, 보수와 진보를 표방하는 사회단체를 모두 아우르는 민간 거버넌스의 대표적인 사례라고 할 수 있다. 특히 대북 민간교류의 주요 통로로서 그 활동의 폭도 매우 크고, 대내적으로도 소위 '남남갈등'의 치유와 상호 소통을 위해 노력하고 있다. 대북협력민간단체협의회는 주로 민간단체들이 중심이 되어서 남북관계를 개선하고 교류의 확대와 지원을 활성화하기 위한 것이었다. 마지막으로 6·15공동선언실천위원회는 그 이름에서도 알 수 있듯이 2000년 남북정상회담의 합의를 실천하기 위한 남북한과 해외동포들의 협의체이다. 상대적으로 진보적인 세력이 많이 참여하고 있는 이 위원회는 남북한 당국자의 회담이나 접촉을 적극 주장하는 성격을 보인다. 이 네 협의체 기구를 하나로 묶어서 파악하기에는 여러 가지 난점이 없지 않지만, 협의체 모델의 유형과 상호관계를 파악하려 할 때 이들을 함께 검토하는 것은 불가피하다.

현시점에서 되돌아볼 때 이러한 협력체들의 역할은 다양하게 평가할 수밖에 없다. 우선 이들은 남북관계가 경색되는 시기에 많은 단체들의 대표 역할을 수행하고, 소규모 단체들이 수행할 수 없는 대형 사업을 연대적으로 추진하였다. 정부와의 소통 채널이 되었을 뿐 아니라 북한과의 협상 채널이 됨으로써 민간 영역의 남북한 교류를 구체적으로 실현할 동력을 제공하고, 개별적으로는 확보하기 어려운 정보나 남북한 신뢰 구축에도 일정한 도움을 주었다. 반면에 이들은 정부와의 가까운 협력체계를 확보한다는 이유로 순수민간단체의 협의체라는 속성이 약해진 한계도 드러냈다. 대북사업의 효율성을 명분으로 때때로 내부 자율성과 소통보다는 소수 전문가들의 결정과 중앙집중적 집행방식이 우선시되기도 했다. 또한 북한과의 접촉을 가능케 하는 것 자체가 일종의 '창구권력'이 되어 일부에서는 협의체가 권력화되는 현상도 나타났다. 협의체가 공식적으로는 모든 산하단체들의 연대협의기구로 규정되어 있으면서도 다수의 내부단체들이 의사결정에서 소외되었다는 내부 비판도 적지 않다.

이명박 정부가 출범한 이후 이들 단체의 활동은 많이 위축되었다. 그러나 이들이 지금까지도 여전히 남북관계와 통일 분야에서 민간 부문과 정부를 연결하는 가장 대표적이고 광범위한 거버넌스체임은 분명하다. 남북한 교류협력사업에 헌신했던 단체의 활동에 대해 지나친 정치적 논란과 이념적 평가는 적절치 않지만, 그렇다고 해서 객관적 평가와 분석을 피해갈 수는 없다.

이 연구를 위해 우선 제2장에서 '거버넌스'의 개념을 살펴보고 남북한 교류협력 거버넌스의 출현배경과 선행 연구를 검토한 다음, 제3장에서 각 협의체들의 결성배경, 조직의 구성과 운영, 시기별 주요 활동 등을 살펴보고, 제4장에서는 협의체별로 남한 정부 및 북한과의 관계, 그리고 협의체 내 교류협력단체들 간의 상호관계, 남한의 협의체에 대한 북한의 상응조직(counterpart)을 분석하였다.

이런 분석을 위해 통일 업무를 총괄한 정부의 핵심책임자나 각 협의체를 대표하는 실무책임자를 심층면접하여 각 협의체의 활동과 함께 거버넌스 차원의 쟁점들에 관하여 질문하고 토론하였다. 총 7회에 걸쳐 이루어진 심층면접은 이 연구의 중요한 분석자료가 되었다. 2008년 11월부터

표 1-1 심층면접 현황

면접 횟수	피면접자의 소속과 직위	면접일
1차 - A씨	민족화해협력범국민협의회 前(現) 정책실장	2008. 11. 4
2차 - B씨	6·15공동실천위원회 前(現) 집행위원장	2008. 12. 1
3차 - C씨	민주평화통일자문회의 前(現) 국장	2008. 12. 16
4차 - D씨	대북협력민간단체협의회 前(現) 임원	2008. 12. 22
5차 - F씨	남북한 교류협력 분야 전문언론인	2009. 4. 3
6차 - G씨	통일부 前(現) 차관	2009. 4. 7
7차 - F씨	7대 종단 및 6·15공동선언실천위원회 前(現) 임원	2009. 5. 11

2009년 5월까지 이루어진 7회의 심층면접 현황은 표 1-1과 같다.

제2장

이론적 논의

1. 거버넌스의 일반적 논의

민주화의 진전에 따라 시민사회가 성숙하고, 정보화로 인해 급속한 사회변동이 이루어지면서 새로운 국가 운영기제로서 거버넌스(governance)[1]가 주목을 받고 있다. 국가가 주도하는 기존의 위계적 통치방식으로부터 민간 부문을 포함한 다양한 행위자 간에 수평적 상호 조정체계와 네트워크가 형성되면서, 국정 운영방식의 변화는 물론이고 국가의 기능과 역할에 대한 새로운 인식 틀이 점차 확대되고 있다. 사회의 복잡성(complexity)과 역동성(dynamics) 그리고 다양성(diversity)이 점증하고 있는 상황에서

1 거버넌스(governance)의 해석과 관련하여 개별 학문적 특성에 따라 협치(協治), 공치(共治), 치리(治理), 국정관리, 자치체제, 통치양식 등으로 쓰이나, 아직 국내적으로 합의된 표현은 없는 것으로 간주된다. 이 글에서는 다양한 행위자의 협력적 관계라는 기본개념을 바탕으로 '협치'로 이해하나, 그 개념정의가 명확히 이루어지지 않음에 따라 '거버넌스' 그대로 표기하기로 한다. 한편, 백낙청은 완전한 전제정치가 아닌 한에는 정부권력의 행사 자체가 여러 세력의 협동을 통해 이루어지기 마련이라는 점에서 '협치'는 '거버넌스'의 특정 용법에 대한 해석이지 정확한 번역은 아니라고 주장한다. 이에 대한 상세한 논의는 다음을 참조할 것. 백낙청, 『어디가 중도이며 어째서 변혁인가』(창비, 2009), p. 238.

조정(steering)과 조율(coordination), 조절(regulation)을 통해 새로운 질서를 형성할 수 있는 통치·관리 기제에 대한 요구가 높아지고 있는 것이다.[2]

거버넌스 현상은 정책과정에 참여하는 다양한 행위자들의 복합적 관계 구조에 의해 정부의 권한이 분산되는 것을 의미한다. 과거 권위주의 시대에 정부가 독점적으로 수행하던 국정 운영방식과는 달리, 민간 부문을 비롯한 다양한 행위자들의 자발적 참여와 네트워크를 통해 정책이 결정되고 추진되는 것이라고 할 수 있다.[3] 즉, 국가 주도의 억압과 강제, 획일화, 수직적 명령체계 등이 중심이 되는 것이 아니라 분권, 자율화, 네트워크, 상호작용 등이 강조되면서 다양한 행위자 간의 권력교환 관계가 협력적·수평적으로 이루어지는 것이다. 이는 국가가 통제하던 자원들이 점차 개인이나 조직의 통제를 받게 되고, 과거에 국가가 다루지 못했던 여러 가지 새로운 사회적 자원이 출현함으로써 국가가 사회의 여러 행위자들과 공조하는 것이 필수적으로 요청되기 때문이다.[4]

이 같은 거버넌스의 출현은 첫째, 시장에서는 해결될 수 없는 공적 영역이 존재하지만 정부의 수직적·계층적 관료제로는 공공 문제를 해결할 능력이 부족하다는 것에 대한 경험적 인식에서 비롯되었고, 둘째, 정책 과정에서 정부와 시장 이외의 다양한 행위자들이 존재하며 참여를 요구하게 되고, 이들을 연결하는 네트워크가 형성·작동될 수 있는 환경의 변화에서 비롯되었다고 볼 수 있다.[5] 즉 거버넌스의 출현은 단순히 정부 내부 문제

---

2 J. Kooiman, ed., *Modern Governance: New Government–Society Interactions* (London: Sage, 1993), p. 66.

3 최진욱·임순희·강동완, 『북한의 국가: 사회관계와 통일정책 거버넌스』(통일연구원, 2008), p. 15.

4 N. Stehr and Richard V. Ericson, "The Ungovernability of Modern Societies: States, Democracies, Markets, Participation, and Citizens," *Governing Modern Societies* (Toronto: University of Toronto Press, 2000), p. 46.

5 양현모, 『남북한 교류·협력 효율화를 위한 거버넌스 모형 구축』(통일연구원, 2008),

를 다루는 전통적 행정을 대체하는 개념으로만 설명할 수 있는 것은 아니며, 과거 산업사회의 통치방식과 시스템을 바꾸고 상호 협력과 유기적 네트워크를 중시하는 새로운 공동체 운영 양식을 추구하는 과정에서 나타난 것이다.[6]

거버넌스의 개념이나 유형은 분류 기준에 따라 각기 달리 나타난다.[7] 가령, 거버넌스의 행위자 중 어느 행위자를 중심으로 설정할 것인가에 따라 정부중심 거버넌스, 시민사회중심 거버넌스, 시장중심 거버넌스로 구분할 수 있으며, 지역적 수준에 따라 글로벌 거버넌스, 국제지역 거버넌스, 국가 거버넌스, 로컬 거버넌스 등으로 구분하기도 한다. 또한 개념정의의 수준에 따라 '협의의 정의'와 '광의의 정의'로 구분하는데, 전자가 국가와 시장기제와는 분명히 대별되는 시민사회 영역 내에 존재하는 자발적·자율적이고 자기조직적인 조정양식을 의미한다면, 후자는 국가와 시장, 시민사회가 과거와는 다른 새로운 형태의 상호작용과 협력체계를 구성하면서 등장한 조정양식을 의미한다.[8]

한편, 일반 공공정책 분야에 비해 상대적으로 민간 부문의 참여가 제한적이었던 대북·통일정책 분야에서 기존의 국가중심적 정책결정체계에서 벗어나, 다양한 행위자 간에 다층적이고 복합적인 구조가 역동적으로 작용하고 있다. 대북·통일정책 분야의 거버넌스는 북한 및 통일과 관련된

---

p. 7.

6 김석준 외, 『뉴 거버넌스 연구』(대영문화사, 2000).

7 개념의 모호성과 적용 영역의 다양화로 인해 거버넌스의 개념정의 문제는 아직도 논란의 여지가 있다. 그럼에도 지금까지 거버넌스와 관련한 대부분의 연구가 거버넌스 개념정의에 관한 일반적 연구 분야에 치중된 점이 있기에 본 연구에서 이와 관련한 상세한 논의는 생략하기로 한다. 아울러, 최근 거버넌스 연구는 거버넌스가 실제 정책 영역에 어떻게 기능하고 작동하고 있는가에 대한 내재화와 확산의 문제에 관심을 기울이고 있다. 이에 대해서는 3절 선행 연구 부분에서 다시 논의하기로 한다.

8 문순홍, 『정치생태학과 녹색국가』(아르케, 2006), p. 219.

정책 과정에 정부 이외의 다양한 행위자(즉 NGO와 기업, 언론, 종교단체 등)가 직접 참여하고 이를 통해 민·관 네트워크가 형성되면서 나타나기 시작하였다.

김대중 정부가 화해협력정책의 기조를 바탕으로 적극적인 대북포용정책을 추진하면서, 민간 부문도 그동안의 통일운동 단계에서 벗어나 정책적 영역에서 다양한 활동과 역할을 수행하였다. 특히 2000년 남북정상회담 이후 남북관계의 발전적 전환이 이루어지고 시민사회 영역의 다양한 참여가 활성화되면서 민간 부분의 역할이 더욱 강조되었다.

이후 노무현 정부 시기에 이르러 국정 운영 과정의 참여와 분권이 강조되고, 무엇보다 정책결정 과정에서 민간 부문의 참여가 법적·제도적으로 보장됨에 따라 민·관 협력을 바탕으로 한 네트워크의 형성이 더욱 가속화되기도 했다. 북한과의 인적·물적 교류가 활발히 이루어지면서 다양한 행위자들의 역할이 증대되었고, 공식적·제도적 기구를 통해 민·관 파트너십이 형성되었다.

2. 남북한 교류협력 거버넌스의 출현배경

1) 국제적 요인: 글로벌 거버넌스의 확장

탈냉전의 국제 정세에서 정치·군사·안보 분야에 치중되었던 기존의 국가정책 이슈가 경제, 사회문화, 환경, 여성, 인권, 테러 등의 영역으로 확대되면서 개별 국가 차원을 넘어선 다양한 행위자들의 역할이 증대되고 있다. 개별 국가 차원에서 해결할 수 없는 전 지구적 차원의 이슈가 등장함에 따라 국가 간 협력은 물론이고 국제기구를 비롯한 다자간 협력이 이루어지고 있다. 국제시민사회 역시 특정 국가의 정치적 이슈를 넘어, 인류

공동의 문제를 해결하기 위해 전 지구적으로 연대하는 이른바 '세계시민사회'로서의 기능과 역할이 강화되고 있다. 특히 교통·통신의 발달과 정보화로 인해 상호 접촉 면이 확대되고, 국가 간 영역을 넘어서는 이슈의 다변화와 행위자의 다양화가 이루어지면서 국제적으로 글로벌 거버넌스의 개념이 확장되고 있다.

거버넌스의 개념이 세계적 차원으로 확대되면서 나타난 글로벌 거버넌스의 복합성은 기능의 다양성뿐만 아니라 초국가적이면서 초정부적인 네트워크로 연계되는 행위자의 다양성으로 나타난다.[9] 이는 곧 여러 국가들과 국제기구, 국내기업과 외국기업 및 다국적 기업, 국내 시민단체와 국제적 단체 등이 한데 섞여 이제 복잡계[10]로서의 거버넌스 또는 네트워크사회로까지 이어지고 있는 상황이 되었다.[11]

한편, 탈냉전으로 인한 국제정세의 변화는 남북관계와 지역국제정치 구

---

9 Margaret P. Karns and Karen A. Mingst, *International Organization: The Politics and Processes of Global Governance* (Boulder: Lynne Rienner Publishers, 2004), p. 15.

10 '복잡계(complexity) 패러다임'은 자연과학에서 시작되어 최근에는 인문·사회과학을 포함하는 전 학문 영역으로 논의의 수준이 확대되고 있다. 수학, 물리학, 화학, 생물학 등 전통과학의 핵심으로부터 지배적인 패러다임을 극복하고 새로운 세계관을 제시하기 위해 마련된 것이 바로 복잡계 이론이다. 특히 최근 학문의 경계를 넘어서는 통섭(consilience)에 대한 논의가 활발히 전개되면서 더욱 주목을 받고 있다. 민병원은 이러한 복잡계 이론을 국제정치의 영역으로 확대하여, 복잡하게 변화하는 세계를 이해하기 위한 새로운 글로벌 패러다임으로 제시하고 있다. 이에 대한 상세한 논의는 민병원, 『복잡계로 풀어내는 국제정치』(삼성경제연구소, 2005) 참조. 한편, 통섭과 복잡계에 대한 일반적 논의는 에드워드 윌슨 저, 최재천·장대익 공역, 『통섭(Consilience)』(사이언스북스, 2005); 최재천·주일우 엮음, 『지식의 통섭: 학문의 경계를 넘다』(이음, 2007); 윤영수·채승병, 『복잡계 개론』(삼성경제연구소, 2006); John Holland, *Hidden Order: How Adaption Builds Complexity* (Cambridge: Perseus, 1996); Ricard V. Solé and Brian Goodwin, *Sign of Life: How Complexity Pervades Biology* (New York: Basic Books, 2001); Yaneer Bar-Yam, *Dynamics of Complex Systems* (Cambridge: Perseus, 1997) 등을 참조할 것.

11 강정석 외, 『정부혁신의 이해』(한국행정연구원, 2005), p. 17.

조에서 남북한의 다양한 협력을 가능하게 하는 효과를 가져왔다. 1991년 소련이 붕괴되는 과정에서 남한은 소련과 수교하였으며, 1992년에는 중국과 수교하였다. 이 과정에서 미국은 남한의 북방정책을 지지했으며, 북한에 대한 남한의 다양한 접근과 협력이 미국의 국익에도 도움이 된다는 기본인식을 표명하였다. 이는 전 세계적 차원에서 미국이 추진한 개입과 확산(engagement and enlargement) 정책에 부합되었기 때문이며, 상대적으로 넓은 정책적 공간 속에서 김대중 정부 중기에 이르기까지 남북관계와 대북정책에서 거버넌스적 접근을 추진할 수 있었다.[12] 미국 클린턴 행정부의 개입과 확산 정책은 김대중 정부의 대북포용정책과 맥을 같이하는 부분이 있었다. 따라서 미국은 남한의 적극적인 대북정책을 추인하고 협조하는 길을 택하였다.[13]

한편, 1990년대 초에 불거진 제1차 북핵 문제가 해결 국면을 맞으면서 남한 정부의 적극적 대북정책 추진에 대한 국제사회의 지지가 형성되었다. 이는 곧 남북한 당국뿐만 아니라 국제사회의 다양한 행위자들이 한반도 문제에 참여하는 계기가 되었다. 특히 1990년대 중반 북한은 심각한 식량난에 직면하여 국제사회에 공식적으로 지원을 요청하였다. 이에 UN을 비롯한 국제사회의 지원이 활발히 전개됨에 따라 한반도 문제에 직·간접적으로 참여하는 행위자의 유형이 다양화된 것도 거버넌스 출현의 주요한 배경이다.

결국 남북관계에 거버넌스가 출현할 수 있었던 국제적 요인은 탈냉전기 국제관계의 변화를 통해 다양한 행위자들이 협력관계를 형성하고, 미국의 개입과 확산 정책에 따라 북한에 대한 접근 가능성이 확대되었기 때문이

---

12 서창록 외, 「한반도 평화·번영 거버넌스 구축을 위한 이론적 틀」, 황병덕 외, 『한반도 평화·번영 거버넌스의 실태조사』(통일연구원, 2006), pp. 71-72.

13 통일노력60년 발간위원회 편, 『하늘길, 땅길, 바닷길 열어 통일로』(다해, 2005), p. 257.

다. 이러한 국제정세의 변화는 남한 정부가 대북 화해협력정책을 추진할 수 있는 추동력이 되었다. 즉, 한반도 문제는 민족 문제인 동시에 국제 문제라는 이중성을 띠고 있다는 점을 감안할 때, 탈냉전기 국제정세의 변화와 남한의 포용정책 기조가 상호 접점을 형성하여 거버넌스 출현을 더욱 가속화시켰다고 볼 수 있다. 다시 말해 국제 환경과 남북한의 정책이 상호 접점을 형성하여 교류협력이 활발히 이루어지게 되었고, 이는 곧 다양한 이슈에서 여러 행위자들의 출현을 가능하게 했다. 무엇보다 정부중심의 교류방식이 아니라 주변국과 국제기구, 그리고 다양한 민간단체들이 교류협력에 적극적으로 참여하게 되었다. 결국 이들 행위자 간의 연계망과 파트너십 형성은 남북한 교류협력 거버넌스가 활성화되는 결과로 나타났다.

2) 남북관계 요인: 화해협력정책 추진에 따른 남북한 교류협력 증가

지난 10년간(1998~2007) 남한 정부가 추진한 대북정책의 기조는 '포용정책(engagement policy)'으로 규정할 수 있다. 김대중 정부와 노무현 정부 시기에는 각각 '화해협력정책'과 '평화번영정책'으로 공식 명칭은 달랐지만, 근본적 기조는 '더 많은 교류와 접촉'을 통해 남북한 간의 이질감을 해소하고 북한의 점진적인 변화를 유도한다는 구상이었다. 즉 북한 존속 및 점진적 변화론이 김대중·노무현 정부 시기의 주류 입장이었다. 김대중 정부는 북한의 변화가능성과 안보위협의 상존을 인정하는 가운데 접촉과 대화, 교류와 협력 그리고 무엇보다 한반도 냉전구조 해체를 위한 포괄적 접근을 통해 북한이 스스로 개방과 개혁을 추진할 수 있도록 여건과 환경을 조성해 주고자 했다.[14]

---

14 박형중, 「북한의 현실과 장래에 대한 판단과 대북정책」, 『이명박 정부 대북정책 비전

이 같은 인식에서 김대중 정부 시기에 6·15정상회담을 계기로 남북한 교류협력이 활발히 추진되었고, 이후 남북한 간 인적·물적 교류협력이 획기적으로 증가하는 전기를 맞게 되었다. 김대중 정부는 '보다 많은 접촉', '보다 많은 대화', '보다 많은 협력'을 추진하였고, 민간의 대북지원활동을 남북관계 개선을 위한 효율적 수단으로 인식하였다. 이에 따라 민간대북지원에 대한 정부의 남북협력기금지원 등 보다 적극적인 활성화 조치가 발표되었다.[15] 보다 많은 접촉과 대화를 통해 남북한 간의 긴장을 완화하고 적대감을 해소하자는 정책 취지에서 잘 드러나듯이, 김대중 정부는 남북한 간 사회문화 분야의 교류를 강조하여 주민들의 자유왕래를 촉진함과 함께 다방면에서 접촉을 증대하기 위한 방안을 모색하고자 했다.

노무현 정부는 김대중 정부의 이러한 화해협력정책의 기본적 구상을 계승하였다. 노무현 정부는 한반도의 평화를 정착시키고 남북한 공동번영을 추구함으로써, 평화통일의 기반을 조성하고 동북아 경제의 중심국가로 발전하기 위한 토대를 마련하는 전략적 구상으로서 '평화번영정책'(Policy of Peace & Prosperity)을 제시하였다. 평화번영정책은 김대중 정부의 화해협력정책을 승계한 것으로서, 특히 남북기본합의서(1992)와 6·15남북공동선언(2000)의 정신을 계승하여 평화공존과 화해협력의 남북관계를 정착시키는 것을 우선적 목표로 삼았다. 나아가 남북협력의 심화·확대를 통한 공동번영과 경제공동체 형성을 추구하고 교류협력의 성과가 군사적 신뢰 구축과 긴장완화로 이어지는 것을 목표로 한다는 점에서, 기존의 화해협력정책을 계승하면서 그 성과를 바탕으로 이를 더욱 발전시킨 것이라고 할 수 있다.[16] 즉, 평화번영정책의 특징은 평화와 번영을 분리하거나 순차적

및 추진방향』(통일연구원, 2008), p. 129.

15 대북협력민간단체협의회·대북지원민관정책협의회, 『대북지원 10년 백서』(도서출판 늘품, 2006), p. 52.

16 국가안전보장회의(NSC), 『평화번영과 국가안보』(국가안전보장회의 사무처, 2004),

으로 추진하는 것이 아니라 두 가지를 병행하는 것이다. 그리고 경제·사회 분야의 교류협력 확대를 통해 평화정착의 바탕이 조성될 수 있다고 보았다.[17]

이와 같이 지난 10년 동안 추진한 화해협력을 근간으로 한 대북정책은 이전 권위주의 정부 시기와 비교할 때, 남북한 간에 교류협력이 획기적으로 증가하는 계기가 되었다. 결국 남북한 교류협력 거버넌스는 남북정상회담 이후 민간교류가 확대되면서 본격적으로 전개되기 시작했다고 볼 수 있다.

3) 국내적 요인: 시민사회의 역량 강화에 따른 민·관 파트너십 형성

1998년 이후 사회문화 분야의 교류협력은 이전 시기와 비교하여 획기적인 증가세를 보였다. 남북한 화해협력의 활성화라는 정책 기조 아래 대북포용정책이 추진됨에 따라, 정부 당국은 물론이고 민간 분야의 인적·물적 교류도 급속히 활성화되었다. 1998년 한 해 동안 금강산 관광객 1만 554명 외에도 3,317명이 북한을 방문하였다. 이 수치는 정부가 민간인의 방북을 승인한 1989년 이후 1997년까지의 방북 인원인 2,408명보다도 많은 수준이었다.[18] 또한 경제 분야에 집중되었던 남북협력사업자 승인이 2000년 남북정상회담을 기점으로 사회문화 분야에서도 꾸준한 증가세를 나타내기 시작하였다.

대북포용정책이 실시된 1998년 이후 남북관계에서는 경제협력, 의료지원, 종교교류, 학술협력과 같이 국가나 민족의 범주로 포괄되지 않는 주체

---

p. 24.

17 박종철 외, 『평화번영정책의 이론적 기초와 과제』(통일연구원, 2003), pp. 29-30.

18 조한범 외, 『비정부기구(NGO)를 통한 남북한 교류·협력 증진 방안 연구』(통일연구원, 2000), p. 25.

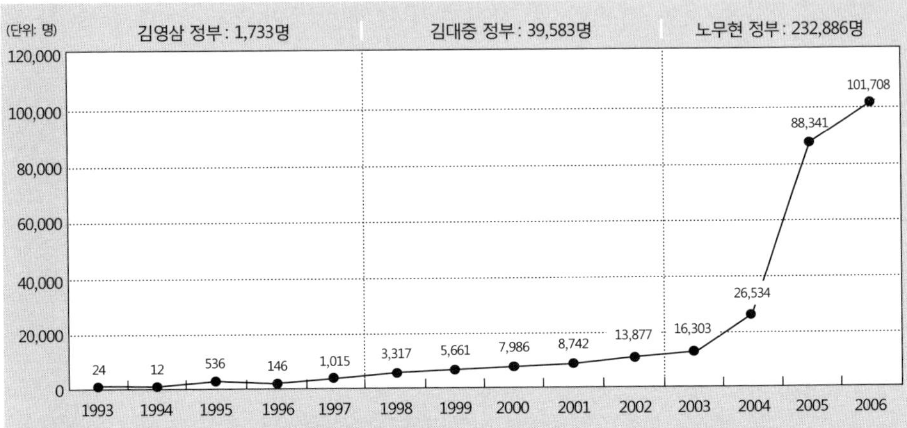

출처: 강동완, 『대북지원정책 거버넌스: 남남갈등을 넘어 남북상생으로』(한국학술정보, 2008), p. 109.

그림 2-1 각 정부별 남북한 간 인적 왕래 현황

들의 활동공간이 민간 부문이란 이름으로 크게 확장되었다.[19] 북한의 심각한 식량난에 대한 민간 부문의 지원이 이루어지고, 이 과정에서 정부의 정책 변화를 요구하는 국내 여론이 형성되었다. 아울러 기업의 대북접촉이 확대되고 종교계의 공동행사 추진, 학술·문화단체의 방북, 언론·스포츠 분야의 교류협력이 확대되었다. 이와 같이 남북한 교류협력은 종교, 예술, 스포츠, 학술, 언론, 남북공동행사 등 다양한 이슈 영역으로 확대되었고, 이로 인해 시민사회를 비롯한 다양한 행위자들의 자율적이고 적극적인 참여가 이루어지게 되었다.

한편으로, 네트워크 형성의 기본 전제는 각 행위자들의 권력자원이 동등하지 않다는 데 있다. 네트워크 조직이론에 따르면, 네트워크는 어떠한 문제에 관계되는 행위자들이 단독으로는 해결하기 힘든 목표를 달성하기

19 박명규, 「남북관계의 비대칭적 분단국체제론」, 『통일과 평화』 창간호(2009), p. 7.

위하여 공동으로 해결책을 모색하는 과정이다. 네트워크는 문제를 해결할 수 있는 방법인데, 특히 공공 부문과 민간 부문이 공유하는 영역의 문제는 더욱 그러하다는 것이다. 따라서 네트워크 체제는 복잡한 문제에 직면할 때의 해결수단으로서 그 영역은 공·사 부문과 비영리 부문에까지 적용되고 있으며, 행위자 간에 권력자원을 교환하면서 효율성을 극대화하고 있다.

이러한 맥락에서 남북한 교류협력은 제한된 자원만으로 불확실한 환경 속에서 정부 단독으로 추진하는 것이 아니라, 비정부 부문의 다양한 행위자들을 포함한 네트워킹을 통해 결합, 제휴, 협력 등을 모색하여 자원과 정보를 교환하면서 공동으로 대처하는 협력의 경제가 필요한 분야이다.[20] 대북·통일정책 분야에서도 당국 간 중심의 기존 교류방식을 넘어, 민간 분야가 다양한 이슈 영역에 참여하고 이들의 영향력이 확대됨으로써 민·관 네트워크가 구축되었다. 대북지원 민간단체의 역량이 확대되면서 정부와 민·관 파트너십을 형성하고, 공식적인 네트워크로 기능하면서 거버넌스가 활성화되었다. 남북한 당국 차원에서는 정치적 관계 때문에 당국 간 대화가 중단되면 공식적 접촉 통로가 단절되지만, 민간 부문의 경우 정치적 문제를 배제하고 접촉할 수 있다는 점에서 남북관계가 경색될 때 남북한 교류협력에서 가교 역할을 하기도 했다.

특히 대북지원 민간단체의 경우 1995년부터 지원사업을 통해 북한과 신뢰관계를 형성하면서 대북접촉 창구의 역할을 하게 되었다. 즉 지방자치단체, 기업, 시민사회단체 및 개인이 대북지원, 경제협력, 공동행사, 교류 등을 목적으로 북한과 협상하기 위해서는 대북지원 민간단체의 중개를 통할 수밖에 없었다. 대북지원 민간단체는 사업을 추진하기 위해 일상적으로 북한을 방문하고 북한 관계자들과 잦은 접촉과 대화를 갖게 되면서

---

20 양현모, 『남북한 교류·협력 효율화를 위한 거버넌스 모형 구축』, p. 15.

북한 정보의 중요한 생산자로 부상하였다. 반면에 정부와 언론은 남북관계의 변화에 민감하게 영향을 받고, 북한과의 일상적 접촉이 제한되어 있다는 한계가 있었다. 이에 따라 정부와 대북지원 민간단체는 남북관계의 현안에 대한 판단과 정책 입안 과정에서 상호 보완적인 관계를 형성하게 되었다.[21]

한편, 1998년 이후 지난 10여 년 동안 지방자치단체의 남북한 교류협력사업이 활발해지면서 지방자치단체 차원의 로컬 거버넌스가 형성되기도 했다.[22] 지방자치단체가 추진한 남북한 교류협력사업의 주요 행위자는 해당 지방자치단체를 비롯하여 지역적 차원의 기업, 시민사회단체, 지방의회 등이 협력적 네트워크를 형성한 것으로, 이 역시 행위자의 다양성 증대를 통해 중앙정부의 기능을 보완하는 역할을 수행하였다. 이와 같이 남북한 교류협력 분야에서 행위자가 다양해진 것은 민간 부문의 역량 강화에서 비롯된 것인데, 이는 곧 남한 내부의 민주화 진전에 따른 결과라고 할 수 있다. 즉, 그동안 우리 사회 내부에서 시민사회가 성숙하고 민주화·정보화가 진전됨에 따라 남북관계 분야에서 거버넌스 현상이 활발하게 나타난 것으로 볼 수 있다.

지난 시기에 정부가 화해협력정책을 적극적으로 추진할 수 있었던 배경에는 남한 사회의 변화도 큰 몫을 했다고 평가할 수 있다. 1980년대의 민주화 투쟁이 남한 정치체제의 점진적 민주화라는 성과를 낳았고, 기성 세대층에서도 대결 위주의 냉전적 남북관계의 지속보다는 개입을 통한 북한의 변화를 원하는 이들이 점차 늘어났다. 경제성장과 민주화 달성은 국민

---

21 김근식 외, 「남북한 사회·문화 협력 거버넌스 실태조사」(통일연구원, 2006), p. 871.

22 지난 10년간의 지방자치단체의 남북한 교류협력사업의 성과에 대한 상세한 논의는 다음을 참조할 것. 강동완, 「지방자치단체의 남북 교류협력사업 발전방안」, 『지자체 남북교류협력사업 10년의 성과와 향후 발전방향』(경기개발연구원·남북협력제주도운동본부 공동주최 워크숍 발표자료, 2009. 3. 26).

들에게 자신감을 불어넣었고, 이러한 자신감이 정부의 새로운 대북정책을 뒷받침함에 따라 남북관계는 이전 시기와 비교할 때 확연히 구별되는 전기를 맞게 된 것이다.[23] 이와 함께 정보화도 남북관계와 대북정책의 거버넌스 현상 강화에 중요한 변수로 작용하였다. 현재 정부 부처들은 정보제공, 여론수렴 등을 위하여 정보화를 적극 활용하고 있다. 특히 정보화는 통일부, 시민단체, 국민들 간에 정보이동과 소통의 네트워크를 형성한다는 점에서 중요하며, 더욱이 그동안 제한되었던 북한 관련 정보의 공개와 제공은 거버넌스 형성에 혁명적 변화를 보이는 계기가 되었다.[24]

4) 북한 내부 요인: '우리민족끼리'에 입각한 북한의 대남전략

남북한 교류협력 거버넌스는 북한이라는 분명한 상대가 있는 정책이기에 북한의 호응 없이는 거버넌스의 활성화에 분명한 한계가 있기 마련이다. 즉, 인적·물적 왕래에 제약이 따르는 남북관계의 특수성을 감안할 때, 국내외 행위자 간의 네트워크를 통해 협력적 관계가 형성된다고 하더라도 북한이 이를 수용하지 않는다면 거버넌스의 활성화를 기대하기는 어렵다.

거버넌스의 출현은 남한의 화해협력정책을 통해 다양한 행위자들의 역할과 기능이 확대된 결과인데, 이는 곧 북한 당국이 남한과의 적극적인 교류협력을 수용했기 때문에 가능한 것이었다고 볼 수 있다. 탈냉전기 북한이 군사 위주의 전략에서 체제의 개혁과 개방을 위한 다양한 변화를 추구하는 전략에 집중하면서, 남북협력의 이슈 영역이 다변화된 것도 거버넌

---

23 통일노력60년 발간위원회 편, 『하늘길, 땅길, 바닷길 열어 통일로』, p. 261.

24 황병덕·서창록·여인곤 외, 『한반도 평화·번영 거버넌스의 실태조사(상)』(통일연구원, 2006), p. 76.

스 현상 증가에 중요한 변수로 작용하였다.[25]

그렇다면 왜 북한은 남한과의 교류협력에 적극적으로 나서게 되었는가에 관한 문제의식을 바탕으로, 북한의 대내외 정책 변화를 살펴볼 필요가 있다. 이 시기 북한의 대남정책이 변화한 요인은 크게 대외적 요인과 대내적 요인으로 구분할 수 있다.

먼저 대외적 요인은 ① 탈냉전 이후 형성되고 있는 새로운 국제질서와 이에 따른 국가 간 상호 의존성 증대, ② 동북아지역의 구조적 다극화로 인한 북방삼각관계의 붕괴, ③ 미국, 일본, 중국, 러시아 등 주변 강대국들의 대한반도 정책 변화, ④ 남한 정부의 지속적인 대북포용정책 등이 그 핵심을 이루고 있다.[26]

이 같은 대외적 환경 속에서 북한은 체제의 안정을 도모하기 위해 대남정책의 변화를 가져올 수밖에 없었다고 볼 수 있다. 즉 북한의 대남정책 변화 요인 중 대내적 요인은 북한 체제 내부의 안정을 도모하기 위한 차원에서 이루어진 결과라고 할 수 있다. 1998년 당시 남한에서는 김대중 정부가, 북한에서는 김정일 정권이 공식 출범하면서 남북한 모두 새로운 권력주체가 등장하게 되었다. 남북 당국은 기존의 남북관계 접근방식과는 달리 실용적이며 유연한 접근을 통해 실리를 도모하고자 했으며, 이를 위해 대화와 협상을 통한 문제해결을 추진하면서 남북한 교류협력의 접점이 마련되었다고 볼 수 있다.

무엇보다 1990년대에 북한은 국내외적으로 심각한 체제위기 상황을 맞게 된다. 탈냉전의 급격한 국제정세 변화 속에서 전통적 우방국인 사회주의 국가들의 지원이 중단되었고, 김일성 주석의 사망으로 인해 체제 내부

---

25 서창록 외, 「한반도 평화·번영 거버넌스 구축을 위한 이론적 틀」, p. 77.

26 이창헌, 「김대중 정부 출범 이후 북한의 대남정책」, 『한국동북아논총』 제20집(2001), p. 152.

의 혼란이 가중되었다. 더욱이 경제난으로 극심한 식량난을 겪으면서 아사자가 대량 발생하는 등 체제 내적 위기가 고조되었다. 이런 상황에서 김정일은 1998년 선군정치를 근간으로 하는 헌법개정을 통해 국방위원장으로 공식 추대되었고, 체제 내적인 위기상황을 극복하고 공식적으로 권력승계를 이루게 되었다.

사상 최대의 체제위기를 모면한 김정일 체제의 북한은 이후 근본적인 대외정책 변화를 모색하였다. 이 시기 대외정책의 일차적인 목표는 탈냉전기 체제유지를 보장하는 안정적인 대외환경의 완성으로 집약되었고, 구체적으로는 이른바 '전방위 외교'로 표현될 수 있다. 즉 변화된 국제환경에 대응하여 북한은 체제보전을 위해 과거의 사회주의 진영 외교 대신에 미국을 포함한 전방위 외교를 내세우고 있는 것이다.[27] 이에 따라 '우리민족끼리'라는 민족공조를 강조하면서 남한과의 교류협력에 적극적으로 임했다고 볼 수 있다. 북한의 입장에서는 사회주의권의 붕괴와 김일성 주석 사망, 그리고 심각한 경제난 속에서 체제유지가 당면 목표가 될 수밖에 없었을 것이다. 따라서 남북한 간의 대결구도가 아닌 '우리민족끼리'를 통한 민족공조를 강조하면서, 남측과의 전략적 대화를 적극적으로 모색했다고 볼 수 있다.

특히 북한이 2000년 남북정상회담 이후 혁명보다 건설에 초점을 맞추기 시작한 것에 대한 올바른 이해가 필요하다. 북한은 사회주의 붕괴 이후 국가전략적 측면에서 체제안정을 확보하기 위한 수세적 방어전략을 펴 왔으며, 2000년 남북정상회담 이후에는 대외개방정책을 지속적으로 추진함으로써 혁명보다 건설에 중점을 두어 왔다.[28]

---

27 안찬일 외, 『10명의 북한 출신 엘리트들이 보는 10년 후의 북한』(인간사랑, 2006), p. 255.

28 곽승지, 「주체사상의 이론체계」, 세종연구소 북한연구센터 엮음, 『북한의 사상과 역사 인식』(한울아카데미, 2006), p. 103.

남한 정부는 지원과 경제협력을 통해 북한을 안정적으로 관리하여 실질적인 남북관계의 진전을 이루겠다는 의지를 바탕으로 북한을 협력과 지원의 대상으로 바라보며 접촉면을 확대하고자 했다. 북한도 이와 같은 남한의 적극적인 지원에 대해 체제안정을 도모하기 위한 방편에서 적극 수용했고, 더 나아가 남한의 지원을 자신들이 유리한 방향으로 이끌어가기 위한 전략적 사고를 보이기도 했다. 결국 남한 정부의 적극적 지원 의지와 북한의 적극적 수용 의지가 상호 결합되어 지원 및 경제협력 분야에서 남북한 교류협력이 활발하게 이루어졌다.[29]

3. 선행 연구들

앞에서 언급한 것처럼 거버넌스 개념은 학문 영역에 따라 다양하게 정의되며, 정책일반에서부터 국가의 역할 정립에 이르기까지 다양한 주제에 적용된다. 거버넌스에 대한 개념과 유형이 학문 분과별로 달리 정의된다는 것은 그만큼 다양한 정책적 사안에 거버넌스의 개념을 적용할 수 있는 가능성이 높다는 것을 반증한다.

남한에서 거버넌스 관련 연구는 지난 2000년부터 급격히 증가했는데, 남한의 중앙정부와 지방 차원의 거버넌스에 대한 행정학계의 연구가 주종을 이루고 있다는 점이 주목할 만하다. 가령, 한국학술정보(KISS)와 국회도서관에 등재된 거버넌스 관련 논문을 발행기관별로 분류해 볼 때, 행정학 분야의 논문은 194편과 68편으로 가장 큰 비중을 차지하고 있다(표 2-1 참조).[30]

---

29 강동완,「정책네트워크 분석을 통한 대북지원정책 거버넌스 연구: 정책결정과정을 중심으로」,『국제정치논총』 제48집 1호(2008), p. 303.

표 2-1 발행기관별 거버넌스 관련 논문 분류

구분	정치학	행정학	지역연구	지방자치	대학논집	정보통신	기타	계
KISS	19	194	5	9	5	4	13	249
국회	27	68	6	19	17	23	41	201

주: 기타는 경영, 교육, 법학, 사회학, 언론정보, 여성, 기록관리, 신문사, 환경 등.

정치학 분야에서는 지난 2001년 '거버넌스연구회'를 중심으로 본격적인 연구가 이루어지고 있으며, 이후 거버넌스의 개념과 사례 적용 등 다양한 분야로 연구의 지평을 확대하고 있다. 특히 2009년에는 『거버넌스의 확산과 내재화』라는 연구를 통해 그동안 거버넌스의 실제 적용에 대한 변화 양상을 분석하고 있다. 즉 거버넌스 개념과 같은 기존의 일반적 논의를 벗어나, 거버넌스의 정책결정 양식이 얼마나 다양한 이슈로 확산되었으며, 거버넌스 개념이 실제로 행위자들 내에 내재화된 것인지에 대한 구체적인 사례를 제시하고 있다.[31]

한편, 대북·통일정책 분야에 거버넌스 개념을 도입한 첫 번째 연구는 여인곤 등(2004)의 『정보화 시대 통일정책 거버넌스 개선방안』이다. 이 연구는 거버넌스 개념을 통일정책 분야에 처음으로 원용하여 '통일정책 거버넌스'의 개념을 정립하고, 통일정책 거버넌스의 배경과 필요성 그리고 분석틀을 처음으로 제시했다는 데에 의의가 있다. 이후 김국신(2005)은 『남북한 통합을 위한 바람직한 통일정책 거버넌스 구축방안』을 통해 통일정책 거버넌스 개념을 더욱 정교화하고, 국내외 차원의 복합적이고 중층적인 거버넌스 체계를 정리하여 남북연합 거버넌스 논의로까지 확장하는 성과

---

30 김의영, 「동아시아 거버넌스에 대한 문헌연구」, 『동아시아 거버넌스』(대영문화사, 2009), p. 9.

31 이에 대한 상세한 논의는 다음을 참조할 것. 김석준 외, 『거버넌스의 정치학』(대영문화사, 2002); 곽진영, 『거버넌스 확산과 내재화』(대영문화사, 2009).

를 낳았다. 다음으로 거버넌스의 효율적 운영과 관련해 국책연구기관인 통일연구원에서 2006년부터 2008년까지 수행한 '거버넌스 협동연구'가 있다. 이 연구는 변화하는 대북정책 환경 속에서 남북관계 거버넌스의 추진 실태를 파악하고, 이를 바탕으로 '바람직한 거버넌스'(good governance)를 모색하기 위한 정책적 대안을 제시하였다. 이 연구는 기존의 공공정책에서 논의되던 거버넌스 모형을 남북관계 문제에 적용하여 거버넌스 평가지표를 개발하고, 이를 남북관계 제반 분야에 적용하여 거버넌스 운영 실태를 조사했다는 데 의의가 있다(표 2-2 참조). 또한 실태 조사를 바탕으로 각 분야의 활성화 방안을 정책적 차원에서 도출하였으며, 한반도 평화번영 거버넌스의 모형을 개발했다는 데에 의의가 있다.

한편, 거버넌스의 개념과 적용에 관한 연구 외에 본 연구의 주제인 남북한 교류협력 분야와 관련한 거버넌스 연구로는 김갑식·정형곤(2008)의 「'남북교류 거버넌스'의 실태 분석 및 평가」를 들 수 있다. 이 연구는 남북한 교류협력 거버넌스의 주요 사례라 할 수 있는 '6·15공동선언실천위원회'의 사례분석을 통해 거버넌스의 구조를 분석하고 있다. 이교덕 등(2007)은 『남북한 사회문화협력 거버넌스 활성화 방안』에서 남북한 사회문화 분야 협력 거버넌스를 학술, 종교, 문화예술, 언론방송, 관광, 대북 인도적 지원 등으로 나누어 거버넌스 실태를 조사하고 활성화 방안을 제시하였다. 김갑식 등(2006)의 연구가 단체별 사례 연구를 중심으로 남북한 간의 공동행사에 초점을 맞추었다면, 이 연구는 사회문화 분야를 세분화하여 분야별 거버넌스 실태와 활성화 방안을 제시하였다. 이어 양현모·이준호(2008)는 『남북한 교류협력 효율화를 위한 거버넌스 모형 구축』에서 네트워크의 복잡성과 자율성이라는 요인을 통해 이슈 영역별 거버넌스를 분석하고, 향후 남북한 교류협력 효율을 높이기 위한 거버넌스 모형을 제시하였다.

이와 같이 거버넌스에 대한 관심이 증대하고 학계와 행정 부서를 중심

표 2-2 남북관계 분야별 거버넌스 실태 비교

분야			평가지표						거버넌스 유형
			자율성	전문성	참여성	네트워크	분권화	효율성	
정치·안보	외교안보 정책	한미동맹	상	중	중	중	중	중	집권형
		동북공정	중	중	중	중	중	하	집권형
		일본교과서	중	중	중	중	중	중	관리형
	한반도 평화체제		상	상	중	하	중	하	관리형
	다자안보 대화	NEACD	중	상	하	하	하	하	집권형
		CSCAP	상	중	중	중	상	중	관리형
	대북정책		상	중	상	중	중	하	집권형→관리형
경제	남북경협		중	중	중	중	하	중	관리형
사회·문화	사회·문화 협력	남북교류	상	중	중	하	하	중	분권형
		대북지원	중	중	중	하	하	중	관리형
		북한인권 문제	상	중	하	하	하	하	저발달
	탈북자정착지원		상	중	중	하	하	하	집권형
법제도	법·제도	교류협력법	-	-	중	-	-	-	집권형
		남북관계 발전법	-	-	상	-	-	-	집권형→분권형
		개성공단법	-	-	상	-	-	-	관리형→분권형
교육	한반도 평화교육	학교교육	중	중	상	중	하	중	집권형→관리형
		사회교육	하	중	상	중	중	중	관리형
		NGO교육	상	중	상	중	상	중	분권형

출처: 황병덕 외,『한반도 평화번영 거버넌스의 실태조사(총괄편)』(통일연구원, 2006), p. 455.

주: 1) 거버넌스별로 평가기준이 상이하고 면접대상자의 수와 전문성이 각기 다름. 그리고 심층면접과 설문조사를 병행하는 연구도 있음. 따라서 이 표에서는 평가지표를 상·중·하로 하여 전반적인 추이만을 살펴보았음. 물론 상·중·하는 평가지표의 수준과 정도를 의미하는 것이지 좋고(good) 나쁨(bad)을 나타내지는 않음.

2) 네트워크는 유형과 그 수준을 감안하여 상·중·하로 책정하였음. 일반적으로 정부주도 수직적 단허브/다허브의 경우에는 '하', 정부관리 수평적 다허브/탈허브는 '중', 시민사회중심 탈허브/전방위허브는 '상'으로 판별하였음.

3) 평가지표가 행위자와 행위자의 관계를 중심으로 구성되었기 때문에 행위를 분석대상으로 한 법·제도 거버넌스에서는 평가지표별 분석을 제외하였음.

으로 꾸준히 확대됨에 따라 통일정책 분야에서도 거버넌스적 시각을 적용한 연구 사례가 수적으로 증대하고 있다. 그러나 아직까지 통일정책 영역에서 이루어진 연구는 대부분 시민사회와 기업의 영향력이 점증적으로 확대되는 추세임을 확인하는 서술적 수준에 머물고 있을 뿐, 거버넌스 이론의 체계적 적용과 이로부터 수반되는 이론적·정책적 함의를 도출할 만큼의 분석적 심도를 확보하는 데는 실패하고 있다.[32] 따라서 이 연구에서는 지금까지 거버넌스의 일반적 개념과 내용을 적용하는 연구는 이루어졌으나 경험적 연구를 통해 거버넌스의 변화 양상을 분석하는 연구는 활성화되지 못했다는 문제인식을 가지고, 실제 사례 분석을 통해 거버넌스의 구조와 동학을 분석하는 데 초점을 맞추고자 한다. 즉, 다양한 행위자 간의 관계 양상에서 발생하는 외적 변화와 협의체 내부의 내적 변화에 초점을 두고 거버넌스의 변화 양상을 분석한다.

이 연구에서 거버넌스의 구조와 동학에 관심을 두는 이유는 거버넌스의 형성과 변화가 조직 내부의 변화에 국한되어 나타나는 것이 아니라 국가의 개입 여부, 시민사회의 역량 강화 등 다양한 요인에 의해 확산되거나 내재화될 수 있다는 점 때문이다. 특히 북한이라는 특정한 상대가 있는 대북통일정책의 경우 북한이라는 변수 역시 거버넌스의 구조와 동학에 영향을 미치는 주요한 요인이라 할 수 있다.

확산의 측면에서 행위자의 다양성이 나타났다면 이는 반드시 내적 변화를 수반할 것이며, 이는 국가 행위자의 관계 양상에 따라 조직의 성격이 변화할 수 있음을 의미한다. 각 행위자들의 내부적 변화에 대한 연구의 필요성은 외부 행위자들과의 새로운 관계설정에 더하여 거버넌스의 제도와 과정 및 규범이 각 행위자에 있어 내재적으로 수용되어 가고 있는 변화에

32 김국신·장의관·강동완 외, 『한반도 평화·번영 거버넌스의 모형 개발 및 발전방안(총괄보고서)』(통일연구원, 2008), pp. 3-4.

주목하는 것이 중요하다는 문제의식에서 비롯된다.[33]

이 연구가 대북정책 거버넌스의 여러 분야 가운데 남북한 교류협력 거버넌스를 주요 연구대상으로 삼은 것은 선행 연구에서 다양한 주제를 포괄하는 거시적 관점에서 거버넌스에 대한 논의는 이루어졌지만, 거버넌스가 실제로 어떠한 구조와 동학으로 작동하는가에 대한 중범위 수준에 대한 논의는 아직까지 활발하게 이루어지지 않았다고 보기 때문이다. 지금까지 남북관계 분야에 거버넌스 개념을 적용한 선행 연구에서 살펴본 남북관계 거버넌스의 세부 분야로는 외교안보정책 거버넌스, 다자간 거버넌스, 사회문화협력 거버넌스, 탈북자 정착지원 거버넌스, 남북한 법·제도 거버넌스, 평화교육 거버넌스, 지자체 남북한 교류협력 거버넌스 등 정치, 안보, 경제, 사회문화 등을 들 수 있다. 본 연구에서 다루고자 하는 남북한 교류협력 거버넌스는 사회문화 분야로 범위를 축소하되, 이전의 연구와 같이 공동행사나 교류협력 실태 및 현황 위주의 조사연구를 지양하고 거버넌스의 실제 작동기제인 협의체에 대한 심층적 분석에 초점을 두고자 한다.

이 연구에서 의미하는 남북한 교류협력 거버넌스는 사회문화 분야의 교류협력 중 여러 다양한 단체들 간의 협의체를 중점 분석대상으로 삼는다. 즉, 협의체를 구성하는 다양한 단체들의 설립배경에서부터 시작하여 이 단체들 간의 연계망을 통한 조직 내부의 분석은 물론이고, 협의체가 남한 정부 및 북한과 어떠한 관계를 형성했는지를 살펴보는 것이다. 거버넌스의 구조와 동학이라는 면에서 볼 때 지난 10년 동안 추진된 행위자 간의 상호작용에 의한 네트워크 형성은 거버넌스의 역동적 변화 과정을 살펴보는 것이며, 이러한 상호작용이 개별 협의체 내부에는 어떠한 변화를 미쳤는가를 살펴봄으로써 거버넌스의 구조 변화를 분석하는 것이다.

---

33 곽진영, 『거버넌스 확산과 내재화』(대경, 2009), p. 5.

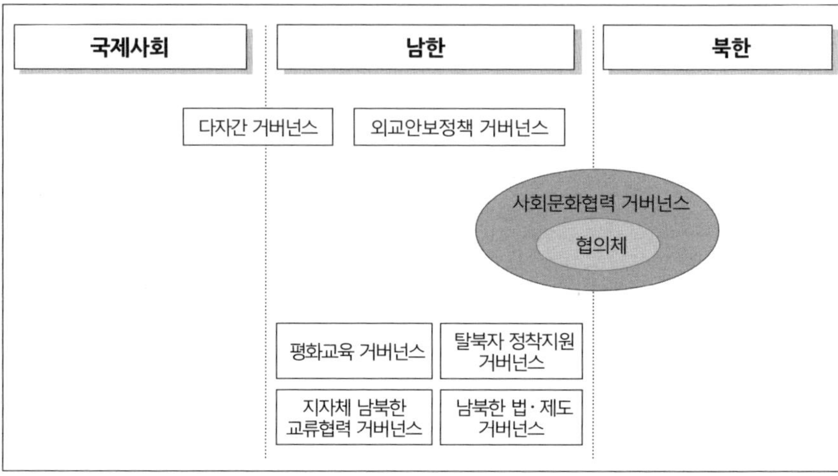

그림 2-2 남북한 교류협력 거버넌스의 위상

한편, 연구대상으로 4개의 협의체를 선정한 이유는 이들 협의체가 각기 대북정책과 남북한 교류협력을 담당하는 대표적 기관 및 단체로 구성되어 있어 남한 정부, 북한, 조직 내부 관계 등을 종합적·심층적으로 분석하는 데 적절하다고 판단했기 때문이다.

4. 남북한 교류협력 거버넌스의 가설 모형들

이 연구에서 제시되는 남북한 교류협력 거버넌스의 가설 모형은 크게 외부 거버넌스 모형과 내부 거버넌스 모형으로 구분된다. 먼저, 외부 거버넌스는 북한과의 채널링에서 남한 정부와 기업(시장), 그리고 대북지원단체의 협의체로 구성되는 것으로 정의된다. 엄격한 분단 상황을 넘어서기 위한 남북한 교류협력 거버넌스는 정부에 의한 정치적 허용, 대북지원을 위한 물자 동원의 조직, 그리고 이를 묶어내는 주체로 구성되며, 그 주체

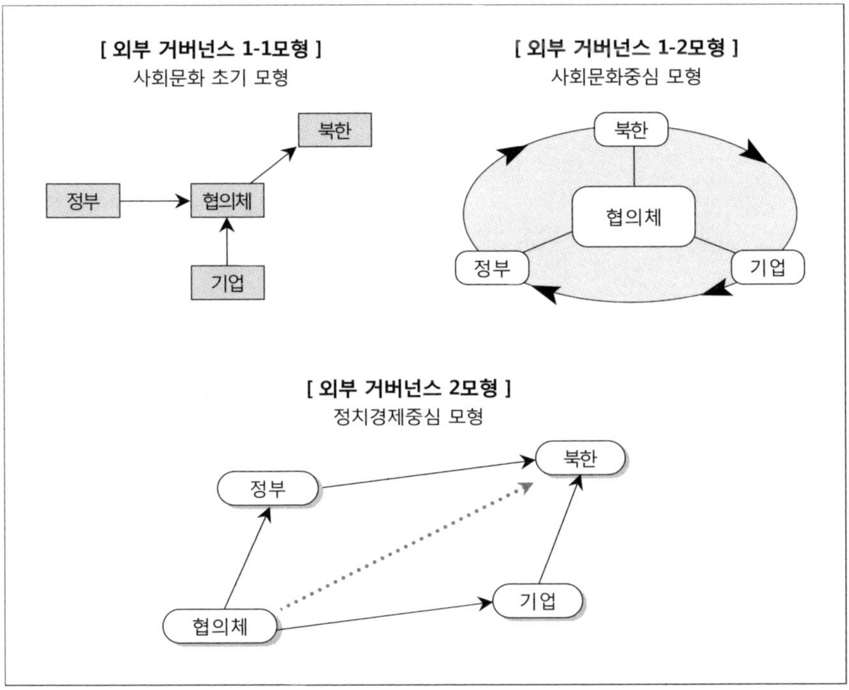

그림 2-3 외부 거버넌스 모형

는 남북교류의 단계나 교류의 성격에 따라 위상이 달라진다.

남한 정부와 기업(시장)이 대북 민간협의체를 지원하면서 이 협의체가 대북교류협력을 담당하는 경우, 북한과의 채널링에서 민간단체가 전면에 위치하고 정부나 기업은 후면에 위치하게 되는데, 이를 '사회문화중심 모형'이라고 부를 수 있다. 초기 교류 국면에서 나타날 가능성이 많은 이 모형은 북한에 대해 ① 사회문화 교류협력 협의체를 통해서만 지원하는 하위 모형과 ② 협의체가 중심에 서되 정부나 기업도 부차적으로 직접 지원하는 연결망을 갖는 하위 모형으로 구분할 수 있다(그림 2-3의 1-1모형과 1-2모형).

이와는 달리 보다 높은 차원의 정치·군사적 협력을 하거나 대규모의 경제협력을 하는 경우에 정부와 기업이 전면에 나서고 사회문화 교류협력 협의체는 후면에 위치하게 되는데, 이를 '정치경제중심 모형'(그림 2-3의 2

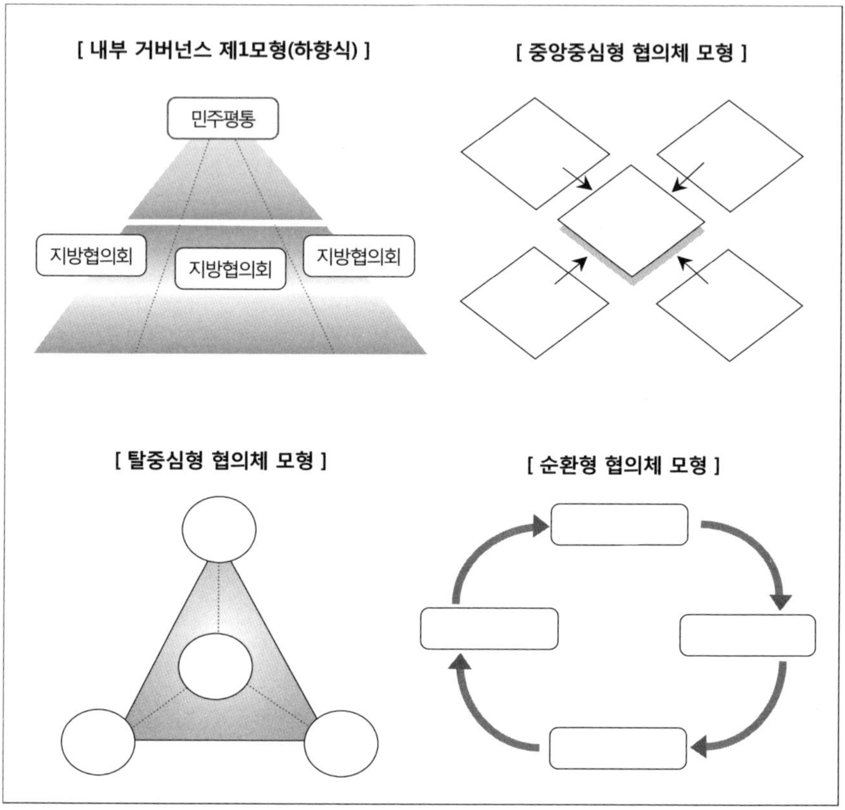

그림 2-4 협의체의 네트워크 구조에 따른 내부 거버넌스 모형

모형)이라고 명명할 수 있다. 이 경우에도 사회문화 교류협력 협의체가 상당한 역할을 하지만, 대북 채널은 좀 더 다변화되고 정부나 기업이 보다 적극적으로 전면에 나서서 대북교류와 협력을 하는 것으로 상정된다.

이와 함께 우리는 내부 거버넌스, 즉 사회문화 교류협력 단체들이 구성하는 협의체들 간의 네트워크 구조를 몇 가지로 구분하여 상정할 수 있다. 첫째는 하나의 조직이 하부에 여러 조직을 만들어 가는 하향식 모형이고, 둘째는 하나의 중심단체가 여러 단체들을 묶어 내면서 협의체의 기능을 수행하는 중앙중심형 모형, 셋째는 다수의 단체들이 존재하는 가운데 중심단체가 존재하기는 하나 이와 동시에 개별 단체들 간의 상호관계도 강한 탈중심형 모형, 마지막으로 주요 단체들이 상호 순환하면서 다양한 의사소통을 하는 순환형 모형이다. 이를 도식화하면 그림 2-4와 같다.

이러한 내부 거버넌스는 교류협력의 단계에 따라 달라지고, 정부의 자원배분, 시민사회 내부의 대북지원을 위한 자원의 크기와 원천에 따라서도 달라질 수 있다. 여기에서 가설적으로 제시한 외부 거버넌스와 내부 거버넌스 모형의 결합 양상은 1998년 이후 10년간의 대북 사회문화 교류협력 거버넌스의 역사와 구조를 분석할 때 중요한 분석틀을 제공한다. 이제 각 협의체들의 형성과 변화 과정을 검토해 보겠다.

제3장

교류협력 협의체의 형성 과정

1. 민주평화통일자문회의

1) 창설 배경

1980년대 초반은 5·18광주항쟁과 군사쿠데타 등으로 사회적 혼란이 매우 심각한 상황에서 전두환 정권의 당면 과제는 사회적 통합이었고, 이러한 국민통합의 계기를 민주평화통일자문회의(이하 민주평통)의 창설을 통해 찾고자 했다. 이에 전두환 정부는 1980년 10월 27일 제8차 헌법개정시 제68조에 '평화통일정책자문회의'의 설치 근거를 명시하고 이듬해인 1981년 3월 14일 '평화통일정책자문회의법'(법률 제3383호)을 공포했으며, 같은 해 4월 7일 시행령을 마련하여 6월 5일 제1차 '평화통일정책자문회의'를 출범시켰다. 따라서 민주평통은 헌법에 설치 근거가 규정되어 있는 헌법기관인 동시에 평화통일정책 수립에 관하여 대통령의 자문에 응하기 위한 자문기관이다.

관계 당국은 공식적으로는 민주평통의 창설 배경에 대해 "1980년대 다변화하는 주변국의 정세에 탄력적으로 대응하며 통일시대에 대비하기 위해 초당적·범국민적 차원에서 통일정책을 수립하고 추진해 나가는 데"에서 의의를 찾고 있으나, 실질적으로는 전두환 정권 시기 북한의 정당사회단체연석회의 제의에 대한 대응 차원에서 상응하는 조직체를 창설한 것이었다. 또한 1981년 민주평통이 창설될 당시 박정희 정권의 유신헌법에 의해 설치된 헌법기관인 통일주체국민회의[1]의 대의원 대부분이 조직 해체 후 민주평통의 자문위원으로 들어오면서 창설 시기부터 정치적 요소가 크게 개입되었다.[2]

2) 조직의 구성과 운영

(1) 운영위원회·상임위원회·분과위원회

민주평통은 그림 3-1과 같이 크게 운영위원회·상임위원회·지역회의로 구성되며, 상임위원회 산하에는 분과위원회가 있고 지역회의 산하에는 지역협의회(국내·해외)가 설치되어 있다. 이 외에 민주평통의 운영과 활동지원에 관한 사무를 관장하는 사무처가 있다. 사무처의 직원은 모두 공무원이며, 사무처와 자문회의의 운영 경비는 정부로부터 전액 지원을 받는다.[3]

먼저 운영위원회는 의장(대통령)이 임명하는 50인 이내의 위원으로 구성되며, 수석부의장이 위원장을 맡는다. 운영위원회의 직무는 민주평통의

---

1 통일주체국민회의는 1972년 12월 23일 제1차 회의를 개최하여 박정희를 제8대 대통령으로 선출한 이래 관제기구의 역할을 수행하다가 1980년 10월 27일 공포된 제5공화국 헌법 부칙에 의해 해체되었다.

2 연구진이 인터뷰한 통일부 관계자 G씨는 역사적으로 전두환 정부 이전에 대통령을 뽑았던 통일주체국민회의 대의원들의 거취 문제를 해결하기 위해 민주평화통일자문회의로 이름을 변경한 것에 불과하다는 견해를 피력하였다.

3 민주평통은 조직 운영을 위해 2009년 기준으로 연간 166억 원의 정부 예산을 지원받고 있다.

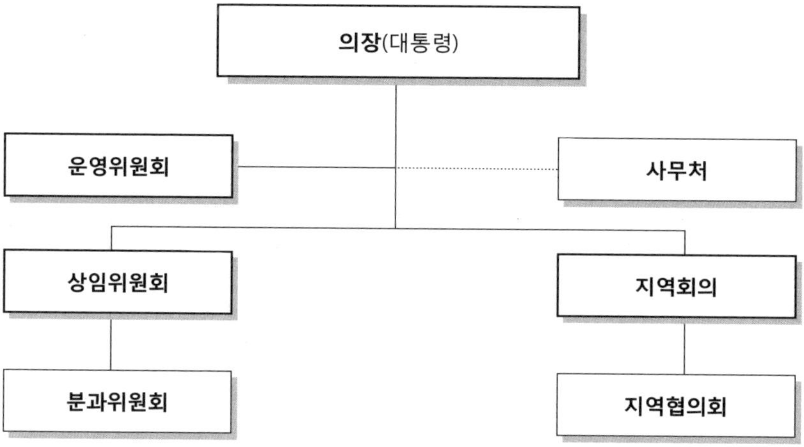

그림 3-1 민주평통 조직도

운영에 관한 규정의 제·개정과 폐지에 관한 사항, 위원의 해촉, 기타 운영에 관한 사항을 심의한다. 운영위원회는 의장이 필요하다고 인정할 때 소집되며, 재적위원 과반수의 출석으로 개의하고, 출석위원 과반수의 찬성으로 의결한다. 회의는 비공개를 원칙으로 하지만, 위원회의 의결로 공개할 수도 있다. 운영위원장은 회의결과를 의장에게 보고한다.

다음으로 상임위원회는 자문위원 중에서 출신지역과 직능을 참작하여 의장이 임명한 상임위원으로 구성된다. 상임위원장은 수석부의장이 맡으며 부의장은 상임위원이 된다. 상임위원회는 민주평통에서 위임한 사항, 의장이 명한 사항, 각 분과위원회에서 의결된 사항 등을 심의하고, 상임위원회의 회의는 의장이 소집하며, 재적 위원 과반수의 출석으로 개의하고, 출석 위원 과반수의 찬성으로 의결한다. 회의는 공개하는 것을 원칙으로 하지만, 위원회의 의결로 공개하지 않을 수 있다. 상임위원장은 회의결과를 의장에게 보고한다.

상임위원회 산하 분과위원회는 상임위원 중에서 위원의 경력·직책 및 출신지역을 참작하여 상임위원장(수석부의장)이 분과위원을 선임하여 구성

표 3-1 민주평통 분과위원회의 변화

기수	기간	규모	분과위원회	비고
제1기	1981. 6~1983. 5	7개	정책심의, 교육홍보, 지역협력, 경제과학, 문화예술, 종교, 여성	
제2기	1983. 6~1985. 5	7개	상동	
제3기	1985. 6~1987. 5	9개	정책심의, 교육홍보, 지역협력, 경제과학, 문화예술, 종교, 여성, 이념제도, 체육청소년	– 이념제도, 체육청소년 신설
제4기	1987. 6~1991. 6	9개	상동	
제5기	1991. 7~1993. 6	9개	상동	
제6기	1993. 7~1995. 6	10개	정책심의, 교육홍보, 지역협력, 경제과학, 문화예술, 종교, 여성, 이념제도, 체육청소년, 사회복지	– 사회복지 신설
제7기	1995. 7~1997. 6	11개	정책심의, 교육홍보, 지역협력, 경제과학, 문화예술, 종교, 여성, 이념제도, 체육청소년, 사회복지, 북한인권특위	– 북한인권특위 신설
제8기 1차	1997. 7~1998. 6	11개	상동	
제8기 2차	1998. 7~1999. 6	11개	정책심의, 교육홍보, 지역협력, 경제과학, 문화예술, 종교, 여성, 체육청소년, 사회복지, 민족화해협력특위, 인권보장특위	– 이념제도 폐지 – 민족화해협력특위 신설 – 명칭 변경: 북한인권특위 → 인권보장특위
제9기	1999. 7~2001. 6	11개	상동	
제10기	2001. 7~2003. 6	9개	정책심의, 교육홍보, 지역협력, 경제협력, 사회문화, 종교, 여성, 체육청소년, 민족화합	– 명칭 변경: 경제과학 → 경제협력 – 문화예술 · 사회복지 폐지, 사회문화 신설 – 민족화해협력특위 · 인권 보장특위 폐지, 민족화합 분과 신설
제11기	2003. 7~2005. 6	10개	정치외교, 교육홍보, 지역협력, 경제협력, 사회복지, 문화예술, 종교, 여성, 체육청소년, 민족화합	– 사회문화 폐지, 사회복지 · 문화예술 신설 – 명칭 변경 : 정책심의 → 정치외교
제12기	2005. 7~2007. 6	10개	기획, 경제, 교육, 국제, 문화, 복지, 여성, 종교, 체육, 청년	– 명칭 · 기능의 전면 재조정 및 간결화

표 3-1 (계속)

기수	기간	규모	분과위원회	비고
제13기	2007. 7~2009. 6	11개	남북화해, 한반도평화, 국제, 경제, 문화체육, 교육, 복지, 여성, 종교, 청년, 기획특위	– 기능·명칭의 재조정
제14기	2009. 7~2011. 6	10개	기획조정법제, 정치남북대화, 안보국제협력, 경제과학환경, 교육민족화합, 문화체육관광, 인권복지, 여성정착지원, 종교인도지원, 청년	– 기능·명칭의 전면 재조정

한다. 각 분과위원회는 위원장 1인과 간사 1인을 포함한 20인 이상의 위원으로 구성되며, 위원장과 간사는 의장이 임명한다. 분과위원회는 상임위원장이 회부하는 안건의 심의, 상임위원회에 제안할 분과위원회 안건의 예비심사, 통일 문제에 관한 전문분야별 조사·연구와 정책 개발, 각 분야별 통일 논의에 관한 의견수렴과 건의 등의 임무를 수행한다. 회의는 분과위원장이 필요하다고 인정하는 때에 상임위원장의 승인을 얻어 소집하며(통상 위원회별로 연 4회 개최), 분과위원회는 필요한 경우 공청회와 세미나를 개최하거나 설문조사 등을 실시할 수 있다.

분과위원회의 변화는 표 3-1과 같은데, 눈에 띄는 점은 김영삼 문민정부 시기인 제7기 때 '북한인권특위'를 신설한 것이다. 당시 북한의 식량난이 매우 심각하여 국제사회에 긴급구호가 이루어지면서 북한의 실상이 외부 세계에 공개되기 시작했다는 점에서 시대적 상황을 반영한 것이라 하겠다. 그러나 햇볕정책(화해협력정책)을 추구한 김대중 국민정부 시기인 제8기에는 북한을 자극할 수도 있어 북한인권특위의 명칭을 인권보장특위로 변경하였다. 또 제13기에는 노무현 정부의 대북정책(평화번영정책)이 적극 반영되어 분과위원회의 기능과 명칭이 대폭 조정되었다. 이처럼 분과위원회의 구성은 해당 정부의 대북정책에 따라 달라지는 양상을 보였다.

(2) 지역회의 · 지역협의회

지역회의는 특별시·광역시·도·이북5도·재외동포별로 구성된다. 지역회의 사무실은 당해 시·도청 소재지 내에 두며, 행정업무 처리를 위해 지방자치단체의 지원을 받을 수 있다. 지역회의는 평화통일정책의 자문 및 건의, 지역사회의 통일여론 형성과 수렴, 지역사회의 통일지지기반 확충, 그 밖에 지역사회의 통일기반 조성을 위하여 필요한 활동 등을 수행한다. 또 회의는 의장이 소집하고, 그 지역 출신 부의장이 주재한다. 부의장은 당해 지역회의를 대표하고 사무를 총괄한다. 지역회의의 운영에 관한 사항을 심의하기 위해 부의장과 당해 지역회의 소속 협의회장으로 지역운영위원회가 구성된다.

민주평통의 지역협의회는 지방자치단체의 건물을 함께 사용하고 지방자치단체로부터 사회단체 보조금을 받아 활동비를 쓰고 있어 관변단체라는 인식을 형성되어 있다. 또 선거 시기에 자문위원이 특정 정당을 지원하는 활동을 하지 못하도록 되어 있음에도 불구하고 지역의 유지급 인사가 대체로 자문위원으로 활동하기 때문에 친여조직이라는 인식이 뿌리 깊게 형성되어 있다.

다음으로 지역협의회는 국내지역협의회와 해외지역협의회로 구성된다. 국내지역협의회는 기초자치단체인 시·군·구 단위로 구성되며, 해외지역협의회는 북미주·유럽·일본·동남아·대양주·중남미 등 지역별로 구성된다. 지역협의회는 평화통일 논의에서 선도적 역할을 수행하고, 통일에 대한 지역주민의 여론을 수렴하며, 지역사회의 통일기반을 조성하고, 주민화합과 지역발전에 기여하는 기능을 수행한다.

지역협의회는 표 3-2에서 보이듯, 1981년 6월 5일 제1기 때 국내협의회 224개, 해외협의회 11개로 시작하여 제6기(1993. 7~1995. 6)에 국내협의회는 264개로 최대의 규모로 증가했고 해외협의회 역시 이전보다 5개가 증가하여 16개가 되었다. 이후 국내협의회의 규모는 소폭 감소와 증가

표 3-2 민주평통 지역협의회(국내·해외)의 변화

기수	기간	국내협의회	해외협의회
제1기	1981~1983	224	11
제2기	1983~1985	224	11
제3기	1985~1987	224	11
제4기	1987~1991	249	11
제5기	1991~1993	249	11
제6기	1993~1995	264	16
제7기	1995~1997	225	16
제8기 1차	1997~1998	225	16
제8기 2차	1998~1999	232	20
제9기	1999~2001	232	24
제10기	2001~2003	232	22
제11기	2003~2005	234	23
제12기	2005~2007	232	20
제13기	2007~2009	232	31
제14기	2009~2010	232	35

를 반복하여 2009년 7월 현재 제14기 자문회의에서 232개가 되었으며 해외협의회의 경우는 꾸준히 증가하여 제14기에 35개가 되었다.

(3) 자문위원의 위촉 과정과 구성 변화

자문위원은 크게 주민이 선출한 지역대표와 정당, 직능단체, 사회단체 등의 직능 분야 대표급 인사가 대통령에 의해 위촉되며 임기는 2년이다. 구체적으로 자문위원 위촉대상은 민주평화통일자문회의법 제10조에 의거하여 해당 지역주민이 선출한 특별시·광역시·도 및 시·군·구 의원인 인사, 특별시·광역시·도 및 시·군·구 지역의 지도급 인사, 이북5도 대표, 재외동포 대표 등 국내외 각 지역 인사, 정당 대표가 추천한 정당의 지도급

인사, 주요 사회단체·직능단체의 대표급 인사 또는 구성원, 기타 민주적 평화통일을 위한 의지가 확고하고 통일과업의 수행에 기여했거나 기여할 수 있는 대표급 인사가 해당된다.[4]

또 자문위원 위촉 과정과 추천권자는 민주평화통일자문회의법 시행령 제4조에 의거하여 특별시·광역시·도와 시·군·구 지역의 지도급 인사의 경우는 해당 지역의 관계기관이, 이북5도 대표의 경우 이북5도민회의 천거로 이북5도지사가, 재외동포 대표의 경우는 해당 교민회 또는 교민단체의 장의 천거로 해당 지역 관할 공관장이, 주요 사회단체와 직능단체의 대표는 '공익법인의 설립운영에 관한 법률'과 기타 법률에 의하여 주무관청에 신고 또는 등록하거나 설립되어 회원 300인 이상을 가진 단체로서 통일기반 조성에 기여할 수 있다고 인정되는 단체의 장의 천거로 관계 부·처의 장이 된다.

자문위원 수는 기수별로 변화를 보여 왔는데, 역대 자문위원의 구성 변화는 표 3-3, 그림 3-2와 같다. 특이한 점으로 제1기 자문위원 중 지역대표 5,214명은 지역 선거인단에 해당된다. 자문위원 수는 제1기부터 꾸준히 증가하여 제7기에 1만 3,420명으로 최고조에 이르렀고, 제8기 제1차 때 약간 줄었다가 제8기 제2차 때부터 다시 증가하기 시작하여 제12기에 1만 7,139명으로 다시 최고조를 이른 후 제13기에서 약간 줄었다가 다시 증가하여 제14기에는 1만 7,800명에 이르고 있다.

자문위원의 내부 구성을 보면, 그림 3-2에서도 나타나듯 지역위원 수는 지속적으로 줄어 제1기 5,214명으로 출발하여 제14기 현재 3,317명까지 감소하였다. 반면 직능단체위원 수는 제1기 3,320명으로 시작하여 제

4 인구비례로 자문위원을 구성하다 보니 조직 내부에서 불만의 목소리가 계속 나오고 있는 현실이며, 통일이라는 초지역적 이슈에 대해서조차도 자문위원의 구성이 대체로 지역 유지로 구성되기 때문에 정치적 성향이나 정당 선호도가 반영되어 극명한 지역적 격차를 나타낸다.

표 3-3 민주평통의 기수별 자문위원 분포 (단위: 명)

기수	기간	지역위원	직능단체위원	해외위원	총계
제1기	1981~1983	5,214	3,320	385	8,919
제2기	1983~1985	5,106	4,129	839	10,074
제3기	1985~1987	4,991	4,673	970	10,634
제4기	1987~1991	4,846	4,673	984	10,593
제5기	1991~1993	5,170	4,756	992	10,918
제6기	1993~1995	5,170	5,185	1,146	11,501
제7기	1995~1997	5,373	6,251	1,796	13,420
제8기 1차	1997~1998	5,325	6,059	1,921	13,305
제8기 2차	1998~1999	4,117	7,012	2,211	13,340
제9기	1999~2001	4,146	7,526	2,470	14,142
제10기	2001~2003	3,445	7,526	2,467	14,113
제11기	2003~2005	3,452	8,522	2,297	14,940
제12기	2005~2007	3,974	11,588	1,631	17,139
제13기	2007~2009	3,445	11,369	1,977	16,791
제14기	2009~2010	3,317	11,319	2,644	17,800

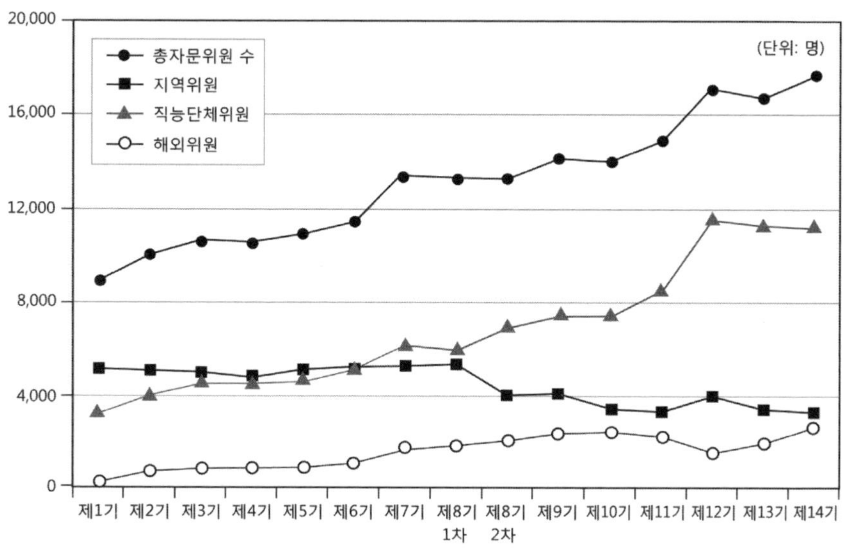

그림 3-2 민주평통의 기수별 자문위원 분포도

14기 현재 1만 1,319명까지 꾸준히 증가하였다. 특히 직능단체위원의 수는 노무현 참여정부 시기인 제12기에 이전보다 크게 증가하였다.

해외위원 수도 제1기에는 385명에 그쳤지만 제14기 현재 2,644명으로 크게 증가하였다. 특히 김영삼 정부 시기인 제7기에 해외위원 수가 크게 증가한 이후 제12기에 소폭 줄었다가 제13기에 다시 증가하였다.

3) 시기별 주요 활동

(1) 창설 · 확립기(1981. 6~1987. 5)

1981년에 창설된 민주평통은 초기에 지역유지나 선도적 인사가 많이 참여했고 당시 혼란스러운 사회적 분위기 속에서 국민통합이라는 과제해결이 절실했기 때문에 초대 의장인 전두환 대통령은 민주평통에 대한 기대와 관심이 많았던 것으로 보인다. 1980년 10월 헌법개정 때 제68조에 민주평통의 설치 근거가 명시되었고, 이듬해인 3월과 4월에 각각 자문회의법과 시행령이 빠르게 제정·공포되었으며, 이에 따라 6월 5일 '평화통일자문회의'라는 명칭으로 출범하게 되었다.

처음부터 자문위원은 지역 대표, 직능단체 대표, 해외 대표로 구성되었는데, 당시 민주평통의 기능을 크게 정책 자문·건의 기능과 정책에 대한 국민합의 조성이라는 2개의 트랙으로 설정했기 때문이다. 이에 정책 자문·건의 활동은 주로 운영위원회와 상임위원회를 통한 분과위원회에서 담당하고, 국민적 합의조성은 국내외 지역협의회를 통해 실천하고자 했다. 지역협의회는 지방자치제가 실시되기 이전이었기 때문에 시·군·구 단위로 설치되었고, 해외는 편의상 지역별로 설치되었다.

이상의 기조와 조직 구성은 제2기(1983. 6~1985. 5)까지 그대로 유지되었으며, 자문위원 수만 약간의 변동을 보였다. 제2기 민주평통의 방향과 활동목표는 군사쿠데타라는 전두환 정권의 태생적 한계를 반영하듯 국민화합·사회안정·국민혁신에 있었으며, 이것이 곧 통일기반을 조성하는 것과 같은 것으로 제시하였다.

제3기(1985. 6~1987. 5)에는 국내 정치적 측면에서 민주화 요구가 강렬했던 시기였음에도 불구하고 민주평통은 시대적 상황과 무관하게 통일 문제에 대한 국민의식의 고취 방안을 모색하는 데 주력하였다. 이때 민주평통은 통일의 노래를 만들어 보급했으며, 『평화통일민족운동사』를 발간하기 시작하였다.[5]

(2) 위축기(1987. 6~1997. 6)

1987년 제4기가 출범할 즈음에 6·29선언이 이루어지면서 헌법이 개정되었는데, 이때 민주평통은 존폐의 위기에 몰렸다. 당시 야 3당이 민주평통 폐지를 안건으로 상정한 상태였다. 존폐 위기에 놓인 민주평통은 조직이 크게 위축되고 자문위원들의 활동도 거의 이루어지지 못했다. 그러나 6·29선언 이후 개정된 헌법에서 제95조에 민주평통의 설치 근거가 명시되면서 재생의 기회를 맞게 되었다. 하지만 시대적 변화를 반영하듯 '평화통일정책자문회의'에서 '민주평화통일자문회의'로 개칭되어 현재에 이르고 있다.

이 시기에 자문회의법이 개정되어 부칙에 지방의회를 자문위원으로 두도록 하였다. 당시 지방의회 의원을 위촉하기 위해서 특별히 제4기 자문위원의 임기가 1987년 6월부터 1991년 6월까지 4년으로 연장되었다는 점이 특이하다.

국민의 직접선거로 집권한 노태우 정부 시기에는 전두환 정부 시기에

5 『평화통일민족운동사』 제1집은 1985년 10월에 대한민국 정부 수립부터 1984년까지의 통일운동사를 모아 발간했고, 제2집은 1986년 12월에, 제3집은 1988년 12월에, 제4집은 1991년 6월에 발간하였다.

비해 민주평통에 대한 관심이 약화되었다. 이 시기에는 한민족공동체 통일방안이 천명되고 '남북기본합의서'와 '한반도비핵화공동선언'이 체결되는 등 역사적인 사건들이 많았지만 민주평통의 역할은 오히려 약화된 상태였다.

김영삼 정부 시기에 민주평통에 대한 관심은 노태우 정부 시기보다 더 떨어졌다. 남북정상회담 합의, 비전향 장기수 이인모의 송환, 북한 수해에 대한 식량지원, 김일성 주석의 사망과 조문 파동 등으로 남북관계가 냉온탕을 오가는 상황에서 국민들의 합의와 이해를 이끌어내기가 상당히 어려운 시기였다. 특히 김영삼 대통령의 측근 세력인 민주산악회 회원들이 민주평통 자문위원으로 대거 참여하였다. 이처럼 통일에 대한 열정보다는 집권에 공로가 있는 특정 정치집단이 예우 차원에서 참여했기 때문에 민주평통이 정치적 도구로 이용되면서 민주평통에 대한 부정적인 이미지가 형성되고 오히려 민주평통의 활동에 방해요소가 되었다.

(3) 갈등기(1997. 7~2009. 6)

김대중 국민정부가 출범하면서 민주평통이 지역의 유지집단 또는 친여조직이라는 비판적 시각이 제기되고, 통일정책에 대한 자문기관으로서의 역할을 강화한다는 취지하에 1998년 2월 민주평통의 사무처를 통일부 산하로 직속시켰다. 이러한 정부조직 개편은 당시 보수진영의 거센 반발에 처해 있던 햇볕정책의 방향과 타당성에 대한 국민적 공감대를 형성하기 위한 것이었다. 그러나 얼마 후 대통령 직속 기관으로 독립시켜야 한다는 의견이 다시 제기되어 1999년 5월 민주평통의 사무처가 대통령 직속으로 독립하였다.

2000년 6·15남북공동선언 이후 민주평통의 활동은 크게 활성화되어 동년 8월에 6·15남북공동선언에 대한 범국민통합대회를 개최하고, 6·15남북공동선언에 대한 국민적 이해와 합의를 이끌어내기 위해 2001년과

2002년에 서울에서 국민대회를 개최하였다. 또 남북한 간의 화해·협력 무드를 반영하듯 분과위원회에 민족화해협력특위가 신설되어 김영삼 정부 시기와 상당히 다른 지향점을 보였다. 하지만 정책에 대한 찬반의 입장 차이가 매우 분명하게 나타났기 때문에 민주평통을 운영하는 데는 어려움이 있었다. 김대중 정부 시기에도 김대중 대통령의 '연천조직'과 인권위원회 등 특정 정치집단의 회원들이 민주평통에 대거 들어오면서 정치도구화의 성격에서 크게 탈피하지 못했다.

노무현 참여정부 시기에는 김대중 국민정부 시기보다 대북정책에 대한 찬반 대립이 심화되면서 민주평통의 활동은 더욱 어려움에 처했다. 노무현 정부의 평화번영정책은 김대중 정부의 햇볕정책을 계승하고 이를 동북아지역까지 확대해 간다는 큰 목표지향점을 갖고 있었는데, 정책추진 과정에서 이분법적인 상황이 많이 나타났고 이에 따라 남남갈등이 더욱 심화되었던 것이다. 특히 2007년 제2차 남북정상회담과 10·4합의에 대한 찬반 입장의 대립이 격화되면서 민주평통은 본연의 역할인 국민통합을 이루기가 더욱 어려워졌다.

노무현 정부 시기의 민주평통 활동 중에서 특이한 점은 인도적 대북지원 사업에 본격적으로 나서기 시작했다는 점이다. 2004년 일부 자문위원들이 이념과 정책을 떠나 인도적 대북지원의 필요성을 제기하자 운영위원회에서 논의를 거쳐 법인을 설립하여 직접 대북지원에 나서기로 결정되면서 2005년에 대북지원법인체인 사단법인 '남북나눔공동체'를 설립하게 된 것이다. 공식 웹사이트의 설명에 따르면, 남북나눔공동체는 "헌법기관인 민주평화통일자문회의 자문위원들이 중심이 되어 남북한 교류협력활동에 참여하고, 대북 인도적 지원사업을 추진함으로써 평화적 통일에 기여하고자 설립한 비영리 사단법인"으로서 이사장은 민주평통의 수석부의장이 겸직하고 있으며 국내외 72개 지부와 3,000여 명의 회원을 갖고 있다.[6] 남북나눔공동체의 기금은 자문위원들이 2005년부터 연간 5억 원씩 모금하여

2008년 현재 20억 원이 조성되었다. 회원은 대부분 2005년과 2006년에 가입했으며, 2007년부터 회원이 크게 늘지 않고 있는 상황이며, 따라서 기금도 더 이상 크게 증가하지 않아 재정적 어려움에 봉착하였다.

또 남북나눔공동체는 국내에서 통일부의 대북지원단체 지원기금을 받기 위해 대북협력민간단체협의회에 가입하였다. 실제로 남북나눔공동체는 2006~2008년 동안 통일부로부터 남북협력기금(약 8억 원 상당)을 지원받았는데, 이 기금은 비닐박막, 묘목, 모내기 기계, 수해복구 지원물품, 영유아 이유식 공장 설립의 원자재 등을 북한에 보내는 데 사용되었다. 북한에서 사업 파트너는 2005년 출발 당시 민족경제협력연합회(이하 민경련)였으나 북측의 조직 개편 이후 인도적 지원 분야는 민족화해협의회(이하 민화협)가 담당하면서 파트너가 민화협으로 바뀌었다. 하지만 비록 남북나눔공동체가 비영리 대북지원 민간단체라 할지라도 태생적으로 헌법기관인 민주평통을 모체로 하고 있기 때문에 이 사실을 알고 있는 북한 당국은 남북나눔공동체와 교류협력을 하는 데 신중한 태도를 보였다.

(4) 외연확장기(2009. 7~2011)

2008년 2월 이명박 정부가 출범했지만 민주평통의 자문위원들은 노무현 정부 때 위촉되었으며 대북정책이 화해협력정책에서 강경정책으로 전환되면서 실질적으로 민주평통의 역할은 크게 제한을 받지 않을 수 없었다. 따라서 내부적으로 새로운 구성이 필요하다는 의견이 제기되기도 했지만 제13기 자문위원은 원래의 임기를 마쳤다.

이명박 대통령이 위촉하여 구성된 제14기 자문회의는 2009년 7월에 출범하였다. 제14기 개편 방향의 초점은 해외로의 외연 확대에 있다. 민주평통은 제14기가 출범하기 직전인 6월 4일 중국, 뉴질랜드, 미국 오렌지·샌

---

6 http://www.ngonanum.org

디에이고, 중미·카리브 협의회 등 4개 지역협의회를 신설하였다. 이로써 해외지역협의회는 31개에서 35개로 늘어났다. 이러한 조치는 최근 이명박 정부의 '700만 해외동포 네트워킹 프로젝트' 구상이 반영된 것이다. 그러나 민주평통의 해외조직을 확장하려는 정부의 움직임은 외부로부터 2012년 대선을 염두에 두고 현 정부가 직접 나서서 친여 성향의 재외동포 조직을 꾸리겠다는 정치적 의도가 깔려 있다는 비난을 받고 있다. 2009년 2월 국회에서 240만 재외동포 유권자들에게 투표권을 부여한 상황에서 인사권과 재정권이 정부의 영향력 아래에 놓인 민주평통이 그러한 비난과 의심을 받게 됨으로써 민주평통 본연의 기능에 충실할 기반은 더욱 약해지고 있다.

하지만 해외지역협의회의 확대 조치는 오히려 교민사회의 갈등을 부추기는 부정적인 영향을 미칠 가능성을 내포하고 있다. 민주평통은 해외에 거주하는 일반인들이 정부에서 운영하는 조직의 위원이 될 수 있는 유일한 단체이다.[7] 또한 대통령이 직접 임명장을 준다는 상징성 때문에 명예 획득을 원하는 교민들 사이에서 자문위원 선출을 둘러싼 과열경쟁이 발생하게 된다. 평화통일 논의를 선도하고 대한민국의 통일정책에 대한 국제사회의 지지 기반을 확산하며, 재외동포사회에서 통일기반을 조성하고, 재외동포의 화합과 조국 발전에 기여한다는 것을 본연의 임무로 규정하고 있는 해외지역협의회가 역설적이게도 자문위원 선정 과정에서 잦은 마찰이 발생하여 오히려 한인사회의 분열을 조장하는 부작용을 낳고 있다.

---

7 최진봉, 「재외동포 민주평통 자리싸움 왜?」, 『한겨레』(2009. 7. 1).

2. 민족화해협력범국민협의회

1) 결성 배경

1990년대 중반부터 전위(前衛)조직 중심의 급진적인 통일운동에 반대하는 목소리가 통일운동 진영 내부에서 제기되었다. 기존 통일운동의 방향과 방식에 비판적인 견해를 가진 민간 통일운동 진영의 일부 사람들은 조국통일범민족연합(이하 범민련)과 같은 남·북·해외의 3자연대보다는 남한 사회의 내부 문제에 더 많은 관심을 갖고, 보수단체와도 손을 잡으며, 정부 당국과도 협력해야 한다는 등의 문제의식을 가졌다. 결국 이러한 문제의식을 가진 일부 세력들이 범민련을 탈퇴하여 1995년 자주평화통일민족회의(이하 민족회의)를 결성하게 되었다. 결성 초기 민족회의는 민간통일운동 진영 내에서 소수파에 머물렀다. 하지만 김대중 정부가 출범한 이후 민족회의가 주도적으로 민족화해협력범국민협의회(이하 민화협)를 결성하면서 상당한 영향력을 행사하게 되었다.

민족회의가 결성되면서 통일운동 진영은 1994년부터 1998년까지 8·15 행사를 8·15범민족대회(범민련 주도)와 8·15통일축전(민족회의 주도)으로 나누어 개최했고, 8·15 행사가 개최될 때마다 민간통일운동 진영과 정부 간의 심각한 물리적 마찰이 계속되었다. 이러한 상황에서 대북포용정책을 추구하는 김대중 정부가 출범하자 민족회의는 8·15통일축전을 정부 영역으로 포섭하려는 시도를 하게 된다. 그리고 이를 계기로 대중적인 범국민적 조직으로 민화협이 결성된 것이다. 새로운 통일운동은 보수층을 포용하고 정부와 협력관계를 가져야 한다는 노선을 추구한 민족회의의 목적과 대북포용정책에 대한 보수-진보와 우익-좌익의 광범위한 지지가 필요했던 김대중 정부의 이해관계가 맞아떨어지면서 민화협이 탄생하게 된 것이다. 또한 정부는 민주평통과 같은 관변단체의 한계를 뛰어넘으면서도 남북교류협력 부문을 담당하면서 정부대리인의 역할을 할 수 있는 민간조직이 필요했다. 이러한 목적에서 민화협은 청와대의 지침을 받아 통일부 주도로 만들어졌다.[8]

결성 초기 민화협에는 여당인 국민회의를 비롯하여 야당인 한나라당, 자민련, 국민신당 등 4개의 정당이 참여했고, 소위원회제로 운영되던 당시에는 정당을 대표하는 국민회의, 보수를 대표하는 대한적십자사와 민족통일중앙협의회, 진보를 대표하는 민족회의, 경실련통일협회 등이 소위원회 단체가 되었다. 소위원회 단체들은 민화협 발기인을 구성하고 8·15통일축전 준비위원회를 민화협으로 전환하는 역할을 담당하였다. 이로써 1998년 9월 3일 민간 차원에서 민족의 화해협력과 평화통일을 위해 활동하는 200여 개의 정당·종교·시민사회단체로 구성된 통일운동 상설 협의체로 민화협이 결성되었다. 이처럼 민간통일운동과 정부의 적극적인 지원이 결합하여 탄생한 민화협은 '반관반민' 단체(1.5트랙)의 성격을 띠고 있었다.

민화협은 1920년대 후반 비타협 민족주의자들과 사회주의자들이 결성한 반일통일전선조직인 신간회의 모델을 응용하였다. 민화협의 결성을 준비한 실무자들은 신간회에 관련된 책을 공부하면서 운동의 기반으로서 실사구시(實事求是)를 추구하고, 정치적 노선으로 보수당과 진보당이 모두 함께 참여할 수 있으며, 기능적으로는 노사정위원회와 같은 통일에 대한 사회협약체의 역할을 수행할 수 있는 범국민적 대중조직을 만들고자 했다.

8 심층면접조사 결과, 흥미롭게도 민화협 결성 과정에서 정부의 주도성에 대해서 민화협 결성 과정에 직접 참여했던 민화협 관계자 A씨와 정부 관계자 G씨의 견해가 서로 상반되었다. 민화협 관계자 A씨는 민족회의의 주도성을 강조하고, 정부 관계자 G씨는 정부의 주도성을 강조하였다. 이렇듯 민화협의 결성 과정에서 나타나는 주도성 문제는 결과적으로 민화협이 활동하는 내내 민화협과 정부 간의 경쟁관계 또는 긴장관계를 유지하는 태생적 요인으로 작용하고 있다.

2) 조직의 구성과 운영

민화협은 1998년 9월 3일 결성되어 같은 해 10월 1일 통일부 산하 사단법인으로 허가를 받았다. 조직의 공식적인 성격은 "민간 차원에서 민족의 화해협력과 평화통일을 위한 제반 사업을 수행하는 200여 개의 정당과 사회단체로 구성된 상설협의체"이며, 정관은 민화협의 출범에 대해 "과거에 통일에 대한 견해 차이로 함께하지 못했던 각계각층이 함께 어울려, 소통하고 합의를 이끌어 내는 계기"라는 의의를 부여하고 있다. 또 민화협은 사업목표로 민족화해의 추구, 통일 문제에 대한 국민적 합의 도출, 민간통일운동의 활성화를 제시하고 있다. 또 정관에는 기본 사업으로 남북기본합의서와 6·15남북공동선언의 실천을 위한 사업, 통일 문제에 대한 합의 도출을 위한 사업, 남북 간 화해·협력과 교류를 위한 사업, 인도적 지원을 위한 사업 및 대정부 정책 건의가 명시되어 있다.

민화협의 정관에 따르면, 회원 자격은 정당과 사회단체를 원칙으로 하고 있으며, "남북기본합의서와 6·15남북공동선언의 정신에 동의하는 정당과 사회단체, 상설 사무국(처)을 보유하고, 설립 후 1년이 경과한 사회단체"에 회원 자격을 부여하고 있다.

민화협의 조직은 대의원회(총회)－의장단회의－상임의장단회의－집행위원회－사무처로 구성된다. 대의원회는 최고의결기관으로 정관 개정, 사업계획 및 예산·결산에 대한 사안 승인, 상임의장·공동의장·감사 선출에 대한 권한을 갖는다. 대의원은 정당 및 각 단체가 1명의 대의원을 파견하는 것을 원칙으로 하되, 규모와 활동실적 등을 종합적으로 판단하여 2명까지 추가 배정할 수 있도록 되어 있다. 또 상임의장, 공동의장, 감사, 집행위원장, 정책위원장, 대변인, 분야별위원장, 특별위원장, 사무처장, 부대변인, 사무차장은 당연직 대의원이 된다. 각급 임원의 임기는 2년이다.

다음으로 의장단회의는 상임의장과 공동의장으로 구성되며, 동시에 민

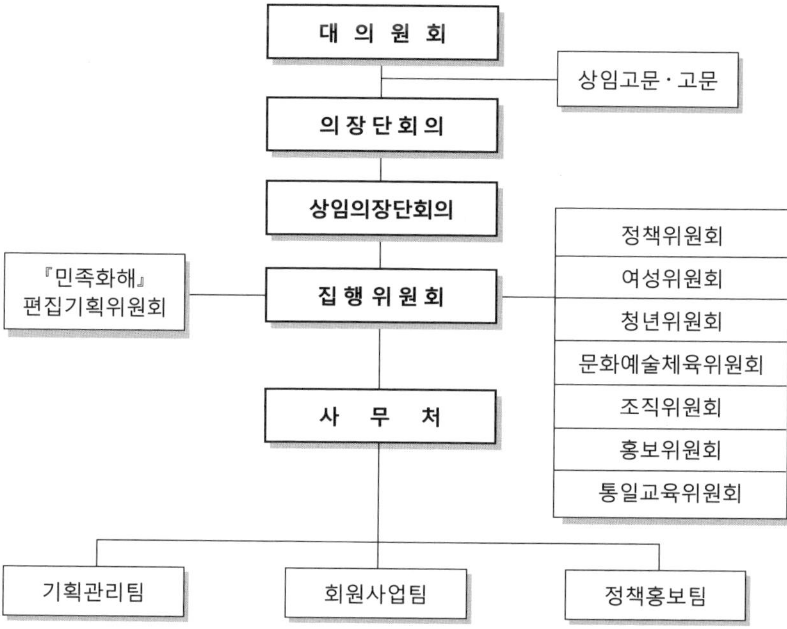

그림 3-3 민화협 조직도

화협 본회의 이사회가 된다. 의장단회의는 공동의장·상임의장·감사를 제외한 임원의 임면에 관한 사항, 정관개정안·사업계획서·예산결산서의 작성에 관한 사항, 대의원회 안건 심의, 지역본부·해외본부·특별사업본부의 설치 및 운영에 관한 사항, 회원의 가입결정에 관한 사항, 운영규칙의 제정 및 개정, 고문·자문위원·홍보대사의 위촉, 사무처장의 임면, 민화협의 사업 및 운영에 관한 주요 사항에 대한 권한을 가지고 있어 민화협의 실질적인 권한을 행사하는 단위가 의장단회의임을 알 수 있다.

상임의장단회의는 민화협의 상임의장으로 구성되며, 의장단회의가 열리지 않는 기간에 민화협 본회의 운영과 관련한 사항을 심의·의결하는 상시기구이다. 상임의장단은 전국 규모의 정당과 회원단체의 대표성을 반영하여 10인 내외로 구성하며, 상임의장은 민화협의 이사가 되며, 대표

상임의장은 상임의장 간의 호선을 통해 결정된다. 대표상임의장은 의장단회의와 상임의장단회의의 의장이 되며 민화협의 업무를 총괄한다. 공동의장은 정당과 회원단체의 대표로서 35인 이내로 선출하며 민화협의 이사가 된다.

집행위원회는 민화협의 일상업무와 사업을 총괄하며 의장단회의와 상임의장단회의를 보좌하는 단위로서 집행위원장, 정책위원장, 분야별 위원장, 특별위원장, 대변인, 기관지 편집인, 사무처장과 약간 명의 집행위원으로 구성된다. 집행위원장이 공동인 경우 대표상임의장의 지명으로 1인이 상임집행위원장이 된다. 이 외에도 민화협은 정책위원회, 여성위원회, 청년위원회, 문화예술체육위원회, 조직위원회, 홍보위원회, 통일교육위원회를 두고 있다. 특히 정책위원회는 민화협의 활동과 관련하여 자료수집, 출판사업, 정책개발, 시민통일교육, 학술세미나, 학술연구사업 등의 업무를 진행한다. 또 민화협은 기관지로 『민족화해』를 격월로 발행하고 있다.

마지막으로 민화협의 재정은 회원인 정당과 단체의 회비와 회원이 아닌 자로부터의 찬조금, 상법수익을 재원으로 하고 있다. 또 후원회를 두어 외부로부터의 찬조금을 접수·관리하고 있는데 대개 기업인 출신이 후원회장을 맡고 있다.[9]

3) 시기별 주요 활동

(1) 외연확대기(1998~2000)

민화협은 정당, 종교, 시민사회단체 등 200여 개의 주요 단체로 구성된 거대 조직이지만 실질적으로 민족회의 출신의 소수 인사들의 개인적 네트

---

9 박용성 두산그룹 회장, 박상직 금호아시아나 회장, 손경식 대한상공회의소 회장 등이 후원회장을 역임하였다.

워크와 김대중 대통령 측근 정치인의 인적 네트워크에 의해서 결성되었다고 해도 과언이 아니다.

1998년 9월에 결성된 민화협은 조직의 성격과 위상에 상응하는 첫 번째 목적으로 '민족화해'를 설정하고, 두 번째 목적은 '남남대화'에 두었다. 민화협 결성 초기에 남북대화를 하는 데 있어 남한 사회에서 보수와 진보 간 대화의 중요성이 제기되었고, 남남대화를 통해 통일 문제에 대한 국민적 합의를 이끌어내는 것이 민화협의 중요한 목표가 되었다. 이때부터 '남남대화'라는 용어가 사용되기 시작하였다.

민화협이 추구한 것은 민간통일운동의 활성화였다. 하지만 당시 민화협은 참여 단체 수가 212개에 이르는 공룡 조직이었다. 대형할인매장이 생기면 인근의 소매상점들이 크게 위축되듯이 거대 규모의 민화협이 민간운동에 부정적인 영향을 미치지 않으면서도 민간운동을 어떻게 지원하고 활성화시킬 것인가가 주요 과제로 제기되었다.

출범 당시 민화협의 성격은 해방 이후 최초로 정부가 아닌 정당과 사회단체가 함께하는 상설협의체로 규정되었다. 4개의 여야 정당이 참여했지만 사실상 당시의 집권정당인 국민회의가 중심적 역할을 하였다. 국민회의에서 사업 예산 등에 영향력을 가지고 있었고, 동시에 동교동파의 핵심이던 설훈 의원이 민화협의 집행위원장으로, 김대중 대통령의 비서실장을 역임한 한광옥 의원이 민화협의 초대 상임의장으로 참여하면서 자연스럽게 정부와 민화협이 연결되었다. 하지만 민화협의 성격을 두고 초기에 조직 내부에서 반관반민운동조직으로 가야 한다는 주장과 정당·사회단체협의체를 지향해야 한다는 주장이 대립하기도 했다.

민화협은 상층(중앙)·서울·직능 중심의 협의체로서 6·15공동선언실천남측위원회와 같이 분과회의와 지역조직 구성까지 발전하지는 못했다. 특히 민화협은 남한에서 보수와 진보를 망라한 반면에, 해외에서는 보수와 진보 간의 벽이 너무 높아서 민화협 해외지부를 만들려는 사업은 끝내 성사되지 못했다. 또한 당시 주한미군·한미동맹 문제, 미국 부시 행정부의 강경대북정책(북한을 '악의 축'으로 지칭) 등에 대해 다른 민간단체들은 매우 강경한 비판적 입장을 표출했지만 민화협은 이러한 정치·군사적 문제에 대해 어떠한 목소리도 내지 못했다. 이것은 민화협이 갖고 있는 정부와의 근접성과 의존적 관계, 보수 진영의 포섭 같은 태생적 한계 때문이다.

한편으로 민화협은 통일 노선에서는 정부와의 협력을 강조했는데, 이 때문에 민간통일운동 진영으로부터 개량주의라는 비판을 받게 되었다. 민화협이 정부의 역할을 인정하자 미군 문제나 정치·군사적 문제를 건드릴 수 없게 되었다.

당시 참여했던 단체들의 분포를 보면 편의상 진보와 보수를 5점 척도(진보 1, 약간 진보 2, 중간 3, 약간 보수 4, 보수 5)로 구분했을 때 '진보 1'에 속하는 단체와 '보수 5'에 해당하는 단체들은 민화협에 참여하지 않았다. '진보 1'에 속하는 단체로는 한국대학생총연합회(한총련), 전국민주노동조합총연맹(민주노총), 전국농민회총연맹(전농), 민주주의민족통일전국연합(전국연합) 등을 들 수 있고, '보수 5'에 해당하는 단체에는 재향군인회 등이 있다.[10] '진보 2'에 해당되는 시민단체들 중에서 참여연대는 시민운동의 속성상 정부에 대한 비판과 감시라는 본연의 역할 때문에 정부와 함께하는 통일운동을 인정할 수 없다면서 불참하였다. 대부분의 주요 시민단체들(여성단체, YMCA, 환경운동연합, 녹색연합, 민주사회를 위한 변호사 모임, 전국교직원노동조합 등)은 소극적으로 참여한 반면에 한국민족예술인총연합(민예총)과 경제정의실천시민연합(경실련) 같은 단체들은 적극적으로 참여하였다.

---

10 흥미로운 사실은 재향군인회가 민화협에는 참여하지 않았지만 민화협보다 더 급진적 성향의 6·15남측위원회에는 참여했다는 점이다. 이러한 역설적인 상황에 대해 통일부 관계자 G씨는 "좌익정권에서 불이익을 당하지 않기 위한 보수단체의 방어기제와 사회적 대변화의 흐름에서 배제되지 않기 위한 이중성이 작동했기 때문"이라고 설명하였다.

시민단체들이 소극적이었던 반면에 대형 교회들로 구성된 한국기독교총연합회(한기총)를 비롯하여 자유총연맹, 바르게살기운동본부, 새마을운동중앙회, 대한민국상이군경회 같은 보수단체들은 적극 참여하였다. 또 사회단체 중 한국교원단체총연합회(한국교총)와 한국노동조합총연맹(한국노총), 보수적 여성단체인 한국여성단체협의회도 적극적으로 참여하였다. 한국문화예술단체총연합회(한국예총)와 통일교가 참여했으며, 특히 통일교에 속해 있는 관련 단체 대부분이 민화협에 참여하였다. 이처럼 민화협은 결성 초기부터 정부의 적극적인 지원과 4개 정당의 참여로 광범위한 보수와 진보 단체들을 참여단체로 가입시키면서 외연을 크게 확장할 수 있었다. 하지만 2000년 6월에 남북정상회담이 개최되고 6·15공동선언이 발표되면서 6·15공동선언을 기념하고 합의를 실천하기 위한 자발적인 민간통일운동이 크게 활성화되었고, 민화협은 독자적인 활동보다는 다른 민간통일운동단체들과의 협력을 모색하게 된다.

(2) 협력기(2001~2007)

민화협이 대외적 협력을 모색한 것은 2001년에 6·15공동선언 1주년 기념행사를 금강산에서 개최한 때부터였다. 민화협은 2001년에 6·15공동선언 1주년 행사를 함께 개최하자고 제안했으나 북측 민화협은 전혀 관심을 보이지 않았다. 실제로 북측은 정부와의 협력체계를 공식적으로 표방한 남측 민화협을 통일운동조직으로 보지 않았다. 따라서 북측 민화협은 통일연대나 종교단체와는 연락을 주고받으면서도 남측 민화협과는 상대하려 하지 않았다. 반면에 남측 정부는 민화협이 주도하기를 바랐기 때문에 통일연대의 방북을 승인하지 않았다. 이에 대응하여 북측이 통일연대가 빠진 방북단의 방북을 허용하지 않자 민화협과 통일연대를 둘러싼 남북한 당국 간에 미묘한 주도권 경쟁이 일어났다. 이러한 상황에서 6·15공동행사를 성사시키기 위해서 민간통일운동 진영은 협력체계를 형성하지 않을 수 없었다.

금강산에서 개최된 6·15 1주년 공동행사에는 남한에서 180여 명이 참가했고, 북측에서도 비슷한 규모의 인원이 참가하였다. 참가단의 구성을 보면 범민련, 한총련, 재향군인회와 같이 진보와 보수 진영이 모두 참가했으며, 남녀노소와 7대 종단(개신교, 불교, 천주교, 원불교, 유교, 천도교, 민족종교) 등 각계각층이 참여하는 다원적 색채를 보였다. 당시 6·15 1주년 공동행사 준비위원회는 민화협, 통일연대, 7대 종단이 주체가 되어 구성되었는데, 실무는 거의 민화협이 담당하였다. 통일연대는 언론을 상대하는 일이나 정부와의 관계에서 서툴렀던 반면에 이 측면에서는 민화협 실무자들이 능숙했기 때문이다.

첫 번째 공동행사가 성공적으로 치러지자 2002년 8·15공동행사는 평양에서 개최되었다. 이때도 남측 추진본부가 만들어졌고 6·15공동행사와 마찬가지로 민화협, 통일연대, 7대 종단이 준비 주체가 되었다. 하지만 북측은 실무접촉 과정에서 공동행사 장소를 3대 헌장 기념탑[11]으로 하겠다고 하여 남북한 주최 측 간에 심한 갈등을 빚기도 했다. 또 평양 행사에서 소위 '만경대 사건'이 발생하면서 잠시 가능성을 보이던 남남대화의 틀이 깨지고 다시 남남갈등이 심각하게 발생하였다. 평양 공동행사를 끝내고 돌아온 방북단은 공항에서부터 보수단체와 진보단체 사이에 벌어진 심각한 물리적 마찰을 목격하였다. 하지만 첫 남북공동행사에서는 남북 측 모두 시행착오가 있었고 내부적으로 자성의 노력이 이루어지면서 이듬해인 2002년에 다시 6·15공동행사와 8·15공동행사가 무사히 진행되었다. '만경대 사건'으로 당시 임동원 통일부 장관이 해임되자 북한도 크게 당황하

11 3대 헌장 기념탑은 7·4남북공동성명, 1980년 고려연방제 통일방안, 1991년 김일성의 민족 10대 강령을 기념한 것으로, 남측의 민화협은 3대 헌장 기념탑에서 공동행사를 개최하면 연방제를 인정하는 것으로 오해받을 수 있기 때문에 북측에 거세게 반대 의사를 피력하였다.

면서 이후에는 정치적 오해를 불러일으킬 만한 무리한 요구나 행동을 하지 않았으며 이후 공동행사를 준비하는 데 매우 적극적이고 호의적인 태도를 보였다.

남측의 민화협·통일연대·7대 종단과 북측 민화협 간의 협력체계는 이후 질적으로 계속 성장하여 2004년 말부터 6·15공동선언을 실천하기 위한 남·북·해외의 3자 틀을 갖춘 상설조직을 만들자는 논의에 이르게 되었다. 이로써 2005년 2월 금강산에서 '6·15공동선언실천민족공동위원회'(약칭 6·15공동위원회)가 결성되기에 이르렀다.[12]

(3) 조정기(2008~현재)

2008년 9월 4일 창립 10주년을 맞이하여 민화협의 이운식 신임 사무처장은 지난 10년을 평가하면서 "설립 당시의 문제의식에 비춰봤을 때 정당·사회단체의 협력과 남남대화 진행에 상대적으로 미흡했다"는 비판이 자주 지적되고 있다며 향후 조직을 정비하여 본연의 역할에 충실할 것이라고 언급한 바 있다.[13] 이 처장은 민화협 회원단체들의 결속력을 높이는 한편 회원단체들이 주인의식을 갖고 참여할 수 있는 프로그램을 만들고, 회원단체들의 기구인 '의장단회의'를 형식적인 보고기구가 아니라 토론이 오가는 실질적인 논의기구로 만들고, 통일 문제와 관련해 다양한 이념적 성향을 가진 회원단체 내부에서부터 남남대화를 실질적으로 추진하겠다는 목표를 제시하였다.

이운식 처장은 민화협을 민·관 협력기구로 규정하면서 민화협을 통해 중도와 보수 성향의 단체가 북한과 만날 수 있는 공간이 만들어져 통일운동의 저변이 확대되었다고 평가하는 동시에 이제는 합의수준을 높이는 것

---

12 6·15공동위원회의 활동과 관련한 자세한 내용은 4절에서 후술한다.

13 이경수, 「[사람들] 창립 10년 맞은 민화협 이운식 신임 사무처장: 통일문제 국민협약 체결 남남대화에 주력」, 『민족21』 통권 91호(2008. 10), p. 89.

이 필요하다고 지적하였다.

이명박 정부가 출범한 지 1년 후인 2009년 3월 19일 민화협 제11차 대의원대회에서 김덕룡 전 한나라당 의원이 대표상임의장으로 선출되었다. 이에 북한 측은 온라인 매체인 '우리민족끼리'(2009. 3. 28)를 통해 김 의장의 선임에 대해 "민화협을 저들의 반통일 책동을 합리화하는 관변단체로 더욱더 전락시키고 동족 사이의 화해와 협력을 차단하려는" 기도라고 비난하였다. 또 남한 정부가 민간단체들의 방북과 대북지원협력사업에 대해 "부당한 간섭과 훼방을 일삼는 등 협력, 교류사업마저 대결적인 대북정책의 틀에 맞추려고 음으로 양으로 책동하고 있으며 그 일환으로 통일 관련 정부 요직과 단체들에도 분열책동에 앞장서 온 극우 보수분자들을 체계적으로 박아 넣고 있다"[14]라고 주장하였다.

새로 선출된 김덕룡 대표상임의장은 그동안의 민화협의 역할에 대해 "남북 민간교류의 중추적 역할을 해 왔으며, 국민의 뜻이 반영된 교류협력이 추진될 수 있도록 북을 이해시키고 설득하면서 협력을 이끌어온 것"은 인정하지만 "그 과정에서 서로 얼굴을 붉히기도 하고 논쟁을 하기도 했다"고 지적하면서 "국민합의와 통합의 노력이 향후 민화협이 최우선적으로 풀어가야 할 숙제"라고 제시하였다.[15] 또 김 의장은 민화협 본연의 역할인 남남대화 노력을 가시화하는 작업으로서 우리 사회에서 대립적이라 쟁이 되고 있는 주요 의제들을 선정하여 낮은 수준에서부터 합의안을 마련하고 이에 대한 사회적 실천을 촉구하고 공감대를 넓히는 활동을 진행하는 것이 필요하다고 제안하였다. 이 외에 김 의장은 민화협이 그동안 추진해 온 남북한 사회문화 교류와 인도적 지원, 남북공동행사 등을 지속적으로 발전시켜 나가고, 산림녹화사업·문화·예술·체육 등 비정치적인 분

---

14 「北매체 "민화협 관변단체화 기도" 비난」, 『연합뉴스』(2009. 3. 28).

15 김덕룡, 「보수도 진보도 민족화해를 위해서는 서로 '人和'의 마음을 열어야 합니다」, 『민족화해』 통권 38호(2009. 5~6), pp. 4-9.

야로 교류와 협력이 확대될 수 있도록 지원하는 역할을 할 것이라면서 사업의 방향을 제시하였다.

신임 대표상임의장은 민화협이 결성 초기부터 보수와 진보가 균형적으로 구성되었음에도 불구하고 화해협력정책을 지지하는 사람들이 대표상임의장을 맡으면서 주도적으로 남북교류협력을 추진해 왔기 때문에 지난 시기 민화협의 활동이 한쪽으로 치우쳤다는 오해와 비판이 있을 수 있으며, 또 남북관계에 부정적 입장을 가진 사람들의 의견에 귀 기울이고 동참시키기 위한 노력은 다소 부족했다고 지적하였다. 신임 의장 역시 2005년 평양에서 열린 6·15남북공동행사가 당국 간 대화를 견인한 역할을 인정하면서 민간 부문이 당국 간 대화와 협력의 교량 역할을 할 수 있으며, 남북한 당국의 관계가 어려울 때일수록 민간의 교류협력을 지속하여 한반도의 긴장을 완화하는 역할을 해나가야 한다고 역설하였다.

남북한 교류협력 협의체의 이상적인 모델에 대해 통일부 관계자 G씨는 국가보안법 체제하에서 우리 정부가 전 방위에서 추진하고 있는 남북교류협력을 직접 통제할 수는 없기 때문에 정부의 대리인 역할을 하는 민간조직의 이상적 형태로 무역협회와 같은 조직을 제안하였다. 무역협회의 경우, 대외무역을 하는 우리나라의 모든 기업들이 반드시 등록할 뿐만 아니라 내부적으로 출혈수출경쟁을 막기 위한 조정과 수출진흥을 위한 정부의 금융지원을 돕는 역할을 하며, 회원들의 회비로 조직이 운영된다. 따라서 정부는 향후 남북협력공사와 같은 조직을 만들어 통일부가 맡고 있는 남북교류협력 관련 민원을 공사에 넘기고 방북증명서 발급과 같은 정부의 위탁업무를 대행하는 등 전문성과 재정적 독자성을 지닌 기구를 설립하는 방안을 고려 중이다. 이러한 방안은 2006년에 실제로 통일부 내부에서 제기된 적이 있으나 관련된 외교·경제 부처의 거센 반대로 좌절되었다. 통일부는 남북교류협력사업 부문에 대한 통합의 효율성을 우선적 고려 대상으로 했으나, 토지공사와 전력공사 등이 조직의 중첩성과 전문성을 문제 삼아 반대하고 나섰는데, 그 이면에는 조직 간의 이권경쟁이 숨어 있다.

물론 남북협력공사와 같은 기구의 역할을 민화협의 조직을 개선하여 활용할 수도 있으나 민화협이 지닌 태생적인 정치적 요소 때문에 한계가 있다. 현재로서는 정부의 적극적인 재정적 지원이 없다면 민화협이 진행하고 있는 일상적인 사업들(정기간행물 발간, 사생대회나 백일장대회, 사무실 운영 등)은 거의 불가능한 수준이다.

3. 대북협력민간단체협의회

1) 개요

1990년대 중반 북한에서는 경제난과 최악의 자연재해가 겹치면서 심각한 식량난이 발생하였다. 이에 북한 당국이 공식적으로 국제사회에 식량지원을 요청함에 따라 우리 정부와 국내외 민간단체의 대북지원이 활발하게 전개되었다. 특히 국내 대북지원 민간단체의 경우 직접적인 지원활동을 물론이고 북한의 심각한 상황을 국내에 전하며 여론을 형성하였다. 그 이전까지 대한적십자사를 통한 창구일원화 정책을 유지하던 정부가 1999년 2월 창구다원화 조치를 취함에 따라 대북지원 민간단체의 활동과 역할은 더욱 활성화되었다.

이런 상황에서 대북지원 민간단체 상호 간에 정보공유와 의견교환의 필요성이 제기되었고, 정부를 대상으로 정책 전환을 요구하는 과정에서 민간단체의 역량을 결집해야 한다는 인식이 확산되었다. 이에 대북지원 민간단체들은 1999년 4월 29일 '대북지원민간단체모임'을 구성하여 월드비전, 한국이웃사랑회(굿네이버스), 한민족복지재단, '우리민족서로돕기운동'

등이 간사단체의 역할을 하면서 정기모임을 시작하였다. 이 모임은 이후 '대북협력민간단체협의회'의 모태가 되었다. 그러나 결성 당시에는 모임의 정식 명칭이 있었던 것은 아니며, 별도의 사무국 없이 소수의 대북지원 민간단체들이 상호 정보교환을 위해 비정기적으로 모임을 가지는 정도였다.

이러한 모임이 지속되다가 2001년 2월 29일에 대북지원 민간단체 간 유기적 협력체계를 구축하기 위한 목적으로 '대북협력민간단체협의회'(이하 북민협)가 공식적으로 출범하였다. '북민협'은 기존의 '대북지원민간단체모임'을 확대하여 공식화한 것으로 소속 단체들 간에 활발한 대북 정보교환과 협력을 통해 효율적인 대북지원사업 추진을 도모하자는 취지에서 결성되었다.

북민협은 남북의 화해와 상호 협력, 민족공동체 수립을 위한 인도주의를 실천하는 단체들 간의 상호 협력과 정보교류를 목적으로 한 협의체의 성격을 띠었다. 즉, 회원단체 간 상호 협력 가능한 사업과 정보교환 촉진, 정부의 인도적 대북지원정책 발전을 위한 협력, 대북협력 관련 국제기구 및 국제 NGO와의 협력사업 추진 등을 목적으로 하였다. 북민협의 회원자격은 통일부의 '인도지원사업자'로 승인을 받은 대북 인도지원 민간단체이며, 가입을 위해서는 상임위원단체 1개를 포함하는 3개 이상의 회원단체의 서면 추천을 거쳐 상임운영위원회의 승인을 받도록 하였다.

조직 및 운영기구로는 상임운영위원단체 대표 모임인 상임위원회, 회원단체 실무자 모임인 운영위원회, 그리고 일반구호·농업축산·의료보건·복지 등 4개 분과위원회로 구성되어 있다. 본회는 정기총회, 임시총회, 상임위원회, 운영위원회, 분과위원회를 두고 있으며, 상임위원회는 필요할 때마다 수시로 개최하며, 운영위원회는 매월 1회 정기적으로 모임을 개최하고 있다(표 3-4 참조). 회장단체의 임기는 1년이며 연임이 가능하다.

한편, 지난 2009년 1월 20일 정기총회 결과 기존 북민협의 조직 운영에 변화가 있었다. 이는 기존의 3개 위원회 외에 정책위원회를 신설했다는

표 3-4 북민협의 본회 구성

구분	개최시기	목적
정기총회	연 1회, 1월 중	- 임원개선과 예산, 결산을 심의·의결
임시총회	회원 3분의 1 이상의 요구 또는 감사의 요청, 회장이 필요하다고 인정할 때 개최	- 주요 현안 논의
상임위원회	수시	- 본회의 운영 및 사업과 관련한 중요 사항을 논의, 결정 - 회장, 부회장, 상임위원으로 구성
운영위원회	매월 1회	- 본회의 일상적 운영과 활동에 관한 사항들을 논의, 집행 - 각 단체를 대표하는 실무책임자로 구성

점이다. 그동안 운영위원회를 중심으로 56개 단체가 월 1회 정도 모임을 개최해 왔는데, 이것만으로는 대내외적으로 정책활동을 수행하기 어렵다는 취지에서 정책위원회를 발족한 것이다.

조직 변화의 측면에서 정책위원회 신설 과정에 대해 좀 더 자세히 살펴보면, 2008년 이명박 정부가 들어서면서 북민협 차원에서 여러 가지 현안들이 논의되기 시작하였다. 무엇보다 남북관계가 경색됨으로써 북한에 대한 식량과 비료 지원이 중단된 상황에 대해, 북민협 차원에서 대북지원 재개를 위해 정부의 정책전환을 촉구해야 한다는 주장이 제기되었다. 또한 정부가 기존의 대북지원 민간단체에 대한 지원을 다소 부정적으로 인식하고, 협력기금 지원 등을 재검토하면서 북민협이 제대로 된 역할을 못하고 있다는 비판 속에서 북민협 운영 틀을 변경해야 한다는 주장이 제기되었다. 즉, 그동안 북민협 내부에서만 논의되었을 뿐 실질적인 진전을 이루지 못한 북민협의 법인화와 독립 사무국 설치 같은 여러 가지 현안들이 주요 이슈로 다시 부각되었다.

기존의 북민협은 상임위원회와 운영위원회로만 구성되어 운영되었다.

상임위원회는 회장단체, 부회장단체, 상임위원단체, 감사단체 등 12개 단체로 구성되고, 운영위원회는 전체 소속 기관의 실무책임자들을 중심으로 구성되었다. 그런데 상임위원회가 단체의 대표자를 중심으로 구성되면서 실무적인 사안에 대해 구체적으로 논의하기에는 한계가 있었다. 또한 운영위원회 역시 협의회에 소속된 기관이 모두 참여함으로써 사실상 운영위원회라기보다 총회의 성격이 강하여, 실무적인 운영을 논의하기에는 어려움이 있었다.

따라서 상임위원회는 그대로 두고 운영위원장 단체를 별도로 선임하여 운영위원회 집행책임자들을 중심으로 북민협의 운영 틀을 강화하자는 안이 협의체 내에서 제기되었다. 또한 북민협의 정책기획 역량을 강화하기 위해서 정책위원회를 신설하자는 안이 제기되었다. 이에 대해 상임위원회에서 논의한 결과 운영위원장 단체를 별도로 구성하는 것은 문제가 있다는 의견으로 인해 건의안이 무산된 반면, 정책위원회 구성에는 합의함으로써 정책위원회가 신설되었다.

2) 북민협의 시기별 변화

(1) 형성기(1999~2001): 느슨한 연계망 형성

형성기는 북민협이 실제로 결성되기 이전과 결성된 직후로 나누어 살펴볼 수 있다. 먼저 북민협이 결성된 배경을 살펴보면, 앞서 언급한 바와 같이 북민협의 모태는 1999년부터 시작된 '대북지원민간단체모임'이라 할 수 있다. 이 모임이 결성될 당시에는 정식 명칭이 있었던 것은 아니며, 정기모임의 성격이 아니라 단체 간에 정보교환을 하는 수준에 불과하였다. 이 같은 모임이 지속되다가 2001년에 정식으로 북민협이 결성되었다. 북민협이라는 정식 명칭으로 결성되기는 했지만, 초기에는 형식적인 회장단체만 존재하는 느슨한 연계망 형태였으며, 월 1회 모임을 통해 대북지원 민간단체 상호 간에 방북 사례를 교환하고 북한 관련 정보를 공유하는 정도의 기능만을 수행하였다.

아울러 별도의 사무소 개설이나 이를 운영하기 위한 상근직원이 필요한 것은 아니었기 때문에 북민협의 운영자금은 회장단체가 일정 비용을 부담하는 정도였다. 초기 북민협의 네트워크는 대북지원 민간단체의 자발성에 기인하여 결성되기는 했지만, 네트워크의 활성화나 담당하는 역할은 미미하여 느슨한 조직체였다고 볼 수 있다.

(2) 성장기(2002~2003): 정부의 협력기금 지원과 대북지원 민간단체의 역할 증대

정부의 협력기금 지원을 기반으로 대북지원 민간단체의 역할이 확대되면서 북민협의 기능과 위상에도 변화가 나타나기 시작하여 성장기를 맞게 되었다. 무엇보다 협력기금 지원이 이루어지면서, 정부는 정책협의를 할 수 있는 민간 부문의 공식적인 대표기구를 필요로 하게 되었다. 만약 대북지원 민간단체를 대표하는 기구나 협의체가 없다면, 당시 30~40개 정도 되는 대북지원 민간단체를 통일부가 개별적으로 상대해야 한다는 어려움이 있었기 때문이다. 즉, 정부의 파트너로서 민간단체 간의 협의체가 존재하면, 정부는 그 협의체를 중심으로 논의하면 되었기에 통일부 입장에서는 원활한 정책집행을 위해 북민협의 기능과 역할을 필요로 하였다. 이러한 과정을 거치면서 북민협의 역할과 기능이 점차 강화되었다고 볼 수 있다. 특히 협력기금 지원을 통한 대북지원 민간단체의 역량 강화는 북민협이 점차 발전기로 전환하는 계기가 되었다.

(3) 발전기(2004~2007): 정부와의 파트너십 형성과 정부의 위탁사업 실시

이 시기에는 북민협을 구성하는 대북지원 민간단체들의 개별 역량이 강화됨과 동시에 이들이 보유한 권력자원을 정부가 필요로 하면서 상호 파트너십이 형성되었다. 대북지원 민간단체의 협의체인 북민협이 정부와 동등한 지위에서 상호 파트너십을 형성하여 공식적으로 정책 과정에 참여하게 된 것은 북민협의 발전기로 평가할 수 있다. 북민협이 발전기로 전환하게 된 몇 가지 요인들은 다음과 같다.

먼저, 2004년 북한 용천역 폭발사고 지원 과정에서 발휘된 지원역량을 들 수 있다. 북민협의 발전 과정 중 성장기를 지나면서 대북지원 민간단체는 북한과의 협상능력 및 자체적인 지원역량이 강화되었는데, 이 같은 지원역량과 경험이 용천역 폭발사고 지원 과정에서 중요한 역할을 수행할 수 있는 원동력이 되었다. 이전 시기까지만 하더라도 북민협은 개별 단체 간의 상호 정보교류의 장, 통일부와 정보를 교환하는 창구 역할 같은 소극적 기능만을 담당할 뿐이었다.

그러나 2004년 용천역 폭발사고 지원 과정에서 대북지원 민간단체들이 개별적으로 지원하는 것보다 북민협을 중심으로 체계적·전략적으로 지원하는 것이 효율적이라는 주장이 제기되었다. 이는 지원 물품의 중복을 방지하고, 신속하고 원활한 지원체계를 운영하기 위한 필요성 때문이었다. 이에 북민협을 중심으로 용천역 폭발사고 지원운동이 추진되었다.

그런데 지원 과정에서 지원 방식을 둘러싸고 통일부·대한적십자사·북민협 간에 이견이 발생하였다. 즉, 정부는 대한적십자사를 중심으로 창구단일화를 원했고, 민간단체는 대한적십자사를 통한 창구일원화 조치가 폐기되었기 때문에 용천역 폭발 사고 지원에도 창구일원화 방식이 필요없다는 입장이었다. 정부는 민간에서 다양하게 모금활동을 하더라도 지원물품을 대한적십자사를 통해 전달하는 것이 좋다는 입장이었는데, 이는 조정 및 관리를 할 수 있는 기구가 필요하다는 인식에서 비롯된 것이다. 이같이 정부·대한적십자사·민간단체라는 세 행위자의 입장 차이로 인해 결국 지원 초기에는 개별적으로 지원이 이루어졌다. 즉, 정부 차원에서는 시멘트·중장비와 같은 복구자재를 지원하고, 대한적십자사는 자체적으로 보유하고 있던 담요와 같은 생필품을 지원하였다. 민간단체는 북민협을 중심으로 대국민 모금활동을 펼쳐 수집된 물품을 북한에 전달하였다.

당시에는 육로수송이 불가능하여 모든 지원물자를 단동에서 신의주를 거쳐 보냈는데, 수송비가 많이 소요되었기 때문에 통일부가 대한적십자사에 수송비를 지원해 주었다. 이에 대해 일각에서는 북민협의 지원물자 수송에 대해서도 통일부가 수송비를 지원해 주어야 한다는 주장이 제기되기도 했지만 실제로 성사되지는 않았다.

주목할 점은 북민협이 통일부의 운송비 지원 없이 자체 모금만으로 용천 재해 지원을 효과적으로 추진했다는 사실이며, 이를 계기로 북민협의 역량과 조정능력이 정부에 깊은 인상을 남기게 되었다는 점이다. 즉, 정부로부터 막대한 수송비를 지원받지 않았음에도 자체 자금동원력을 통해 지원활동을 펼쳤으며, 특히 북민협을 중심으로 개별 대북지원 민간단체들이 상호 조정·조율할 수 있다는 점이 부각되었다. 이러한 과정을 거치면서 통일부는 북민협을 대북지원정책 과정에 필요한 협력 파트너로 인식하게 되었고, 이는 곧 정부와 민간의 공동협의체를 구성하는 계기가 되었다.

이에 따라 2004년 9월 결성된 '대북지원민관정책협의회'(이하 민관협)는 민·관 정책협의기구로서, 그동안 정부와 민간이 각각 독자적으로 추진해오던 방식을 지양하고 협력을 강화함으로써 대북지원의 효율성을 높이는 것이 필요하다는 인식에서 출발하였다. 2004년 7월 북민협이 정기 운영위원회에서 민관협을 다시 추진하기로 결정하였고, 같은 해 9월 민관협이 정식으로 발족되었다.

이로써 남북교류협력에 관한 법률에 의해 설치된 정부의 '남북교류협력추진협의회'와 북민협의 상호 협의와 조정이 제도화되었다.[16] 민관협은 정

16 이종무, 「대북인도지원 시스템의 발전 방안 연구」(경남대학교 북한대학원 석사학위논

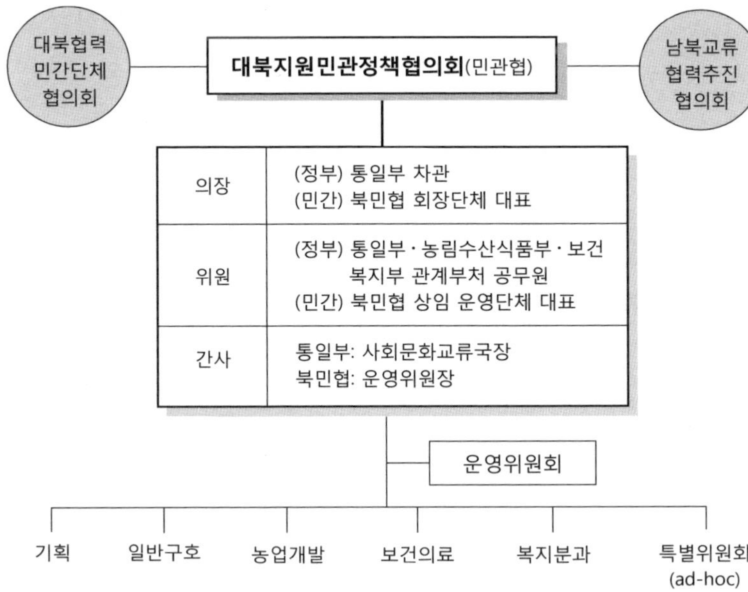

출처 : 『대북지원민관정책협의회 제1차 전체회의 자료』(2004. 9. 1).

그림 3-4 민관협 조직도

부와 민간이 공동으로 인도적 대북지원에 관한 체계적인 계획 수립과 시행에 필요한 의견을 협의하기 위한 목적으로 발족되었으며, 효율적인 운영을 위해 세부 운영규정을 마련하였다. 민관협 운영규정 제2조는 협의회의 주요 기능으로 ① 대북지원 방향과 사업계획, ② 대북지원 관련 민·관 협조와 역할분담, ③ 대북지원 확대, 발전방안 등에 관해 협의하는 역할을 수행하는 것으로 규정하였다.

의장은 회무를 통할하고 협의회를 대표하는 역할로 규정되어 있는데, 주목할 점은 민·관이 공동으로 의장직을 수행한다는 점으로서, 이는 협의회의 성격이 민·관 공동 협의체라는 점을 다시 한 번 확인할 수 있는 지표

문, 2005), pp. 33-34.

가 된다. 즉, 민관협 운영규정 제4조 ①항은 통일부 차관과 북민협 회장단체 대표가 공동의장이 된다고 규정하고 있으며, 제8조 ②항은 분과위원회 역시 민간과 정부 측 위원장 각 1인을 두는 것을 규정하고 있다. 이는 민관협이 정부나 민간단체 어느 한쪽의 일방적 주도에 의해 이루어지는 것이 아니라 민·관 협력체로서 기능하고 있다는 점을 잘 보여 주고 있는 것이다.

이후 2005년에 이르러서 북민협은 독자적인 사업을 추진하게 된다. 그동안에는 개별 단체별로 지원사업을 추진했으나, 개별 단체들의 매칭 방식을 통해 북민협 명의로 독자적인 대북사업이 추진됨에 따라 북민협의 위상과 역할이 한층 강화되는 계기가 되었다. 이를 좀 더 자세히 살펴보면, 북한은 대북지원 민간단체들이 개별적으로 방북할 때마다 농업용 비닐방막을 지원해 달라고 요청하였다. 이러한 요청에 대해 북민협은 개별 단체가 각각 북한에 지원하는 것보다 이를 통합하여 북민협 명의로 지원할 것을 제안하였다. 이 과정에서 북민협은 단순히 개별 단체들의 지원물자를 통합해서 지원하는 수준이 아니라, 북민협과 정부가 일대일 매칭 방식을 통해 공동사업을 펼치게 된 것이다. 이러한 과정을 통해 북민협이 통일부와 권력자원 교환 창구로서의 역할이 점점 커지고, 통일부도 북민협의 역할을 상당 부분 인정하게 되었다. 또한 개별 단체들 사이에서 월 1회 정도의 회의에 그치는 것이 아니라 전체 워크숍이나 국제 NGO 대회 등을

표 3-5 북민협 발전기의 주요 활동

시기	주요 활동	발전기로서의 의미
2004	– 용천역 폭발사고 지원	– 북민협의 자체 역량 강화
	– 민관협 결성	– 정부와 파트너십 형성
2005	– 북민협 명의로 비닐 지원	– 북민협 차원의 독자사업 추진
2006	– 합동사업 추진 –『대북지원 10년 백서』 발간	– 정부와 민간의 공동사업 추진

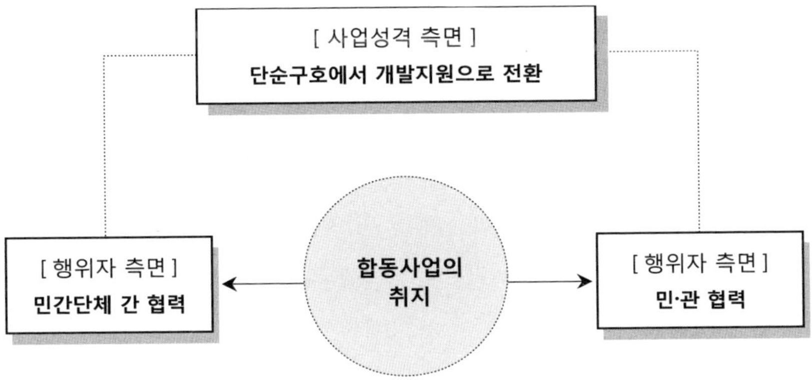

자료: 강동완, 「정부 합동사업의 평가 및 개선방안」, 통일부 용역과제, 2009.

그림 3-5 민·관 합동사업의 추진 목적

개최하고 『대북지원 10년 백서』를 발간하면서 북민협의 위상과 역할이 더욱 강화되었다.

한편, 정부와 북민협이 상호 협력관계를 형성한 가장 주요한 사례로는 정부의 합동사업 추진을 들 수 있다. 2005년부터 추진한 '합동사업'은 정부와 민간의 협력을 통해 개별 민간단체가 독자적으로 추진하기 어려운 대북지원과제를 공동으로 추진하기 위해 도입된 사업방식이다. 행위자 면에서는 정부와 대북지원 민간단체, 그리고 대북지원 민간단체 상호 간 협력을 통해 시너지 효과를 극대화하고, 사업성격 면에서는 단순구호에서 개발지원으로 전환한다는 취지에서 추진되었다(그림 3-5 참조). 민관협 구성의 모태가 되기도 한 합동사업은 정부와 민간의 역량을 결합하여 정책의 효율성을 제고한다는 목적이 있었다. 즉, 정부는 사업 추진을 위한 재원을 담당하고, 대북지원 민간단체는 현장의 노하우를 바탕으로 사업 집행을 담당하여 역할분담을 이루는 것이었다.

북민협이 발전기로 전환하게 된 요인 중 또 하나 주목할 점은 북민협의 운영예산 증가를 들 수 있다. 북민협을 중심으로 여러 활동이 이루어지면서 자체 운영예산이 더욱 필요하게 되었고, 이를 충당하기 위해 임원단체들의 회비가 증가하게 되었다. 결성 초기에는 가입 단체들의 연회비(10만 원)로 충당했는데, 필요 예산이 늘어남에 따라 임원단체들을 중심으로 회비가 점점 늘어나 이 시기에 연회비는 회장단체 500만 원, 부회장단체 200~300만 원, 상임위원회단체 100만 원 정도로 책정되어 있었다. 주목할 점은 초기에는 회장·부회장 단체만 선임했는데, 임원단체 수가 점점 늘어나 7개이던 상임위원회단체가 이 시기에는 12개가 되었다. 이러한 변화를 통해 북민협 자체 운영예산이 증가하게 되었고, 이는 북민협의 발전기를 가져온 주요 요인으로 작용하였다.

(4) 침체기(2008~현재): 남북관계 조정에 따른 대북지원활동 저조

앞에서 살펴본 것처럼 북민협은 정부의 협력기금 지원을 통한 재정적 지원과, 민관협을 통한 제도적 조치를 통해 발전기를 맞이할 수 있었다. 즉, 북민협의 발전에는 정부가 대북지원 민간단체의 활동을 재정적으로 지원하고, 정부와 동등한 역할과 지위를 통한 파트너십을 형성한 것이 중요하게 작용하였다. 그런데 북민협이 정부의 행정적·재정적 지원으로 발전기를 맞을 수 있었다면, 만약 이 같은 지원이 이루어지지 않을 경우 북민협의 위상이 변화될 가능성이 있다.

실제로 이명박 정부가 출범한 이후 북민협은 정부의 재정적 지원 감소로 침체기를 맞게 된다. 이명박 정부는 이전 정부가 추진한 대북포용정책의 기조를 지양하고, 기존의 대북지원정책에 대해 부정적인 인식을 보였다. 무엇보다 대북지원의 분배투명성과 효과성에 대한 사회적 논란이 지속되는 상황에서, 기존의 지원방식을 그대로 수용할 수만은 없다는 입장이었다. 결국 대북지원에 대한 부정적인 입장은 정책의 수정으로 나타났고, 이에 따라 대북지원 민간단체에 대한 재정적 지원이 감소함에 따라 정부와 북민협의 관계가 소원해졌다고 볼 수 있다.

따라서 남북관계 경색으로 인한 대북지원활동의 침체, 정부의 지원 축소에 따른 지원활동 감소, 그리고 무엇보다 정부와의 관계 설정에 대한 인식 차이 등이 북민협의 침체기를 가져온 주요 요인이라고 볼 수 있다. 정부가 대북지원정책에 대해 부정적인 입장을 보였고, 이에 대해 북민협 차원의 공동대응이 이루어지지 않음으로써 북민협 역할론에 대한 비판이 제기되기도 했다.

이명박 정부가 출범한 이후 정부 차원의 직접적인 대북 식량지원이 중단되고, 북한의 핵실험으로 민간단체의 방북도 제한되었다. 이후 정부는 2009년 2~3월 대북지원단체들로부터 협력기금 지원 신청을 받고, 기금지원을 위한 기금지원평가회를 개최하였다. 기존의 일정에 따르면 4월 초까지 개별 단체에 대한 기금지원을 의결을 마친다는 구상이었으나, 북한이 개성공단에서 남한 근로자를 억류하고 4월 5일 장거리 로켓 시험발사 등을 강행함에 따라 지원계획을 보류하였다.

이같이 정부가 인도적 차원의 대북식량지원을 중단하고 민간단체의 대북지원활동에 대해서도 소극적인 입장을 취함에 따라 북민협을 중심으로 하는 민관협도 그 기능을 제대로 수행하지 못하게 되었다. 전반적으로 대북지원활동 자체가 위축되면서 북민협의 위상이 약화되었고, 무엇보다 정부의 대북식량지원 중단에 대해서도 북민협 차원에서 공동대응하지 못함으로써 북민협은 침체기를 맞게 된다.

더욱이 대북지원물자의 반출입이 통제되면서 정부와의 관계가 더욱 악화되어 대립구도가 형성됨에 따라 북민협의 활동은 더욱 위축되었다. 물론 정부와의 관계가 악화되었다는 것만으로 북민협의 위상을 침체기로 규정할 수는 없다. 대북지원에 대해 부정적인 입장을 보이는 정부의 정책 변화를 위해 북민협 차원에서 공동대응이 활발하게 이루어졌다면 이는 애드보커시 차원에서 오히려 북민협의 발전이 심화되는 시기로 볼 수 있을 것이다. 하지만 북민협 내부에서 정부와의 관계 설정 및 정부정책에 대한 입장

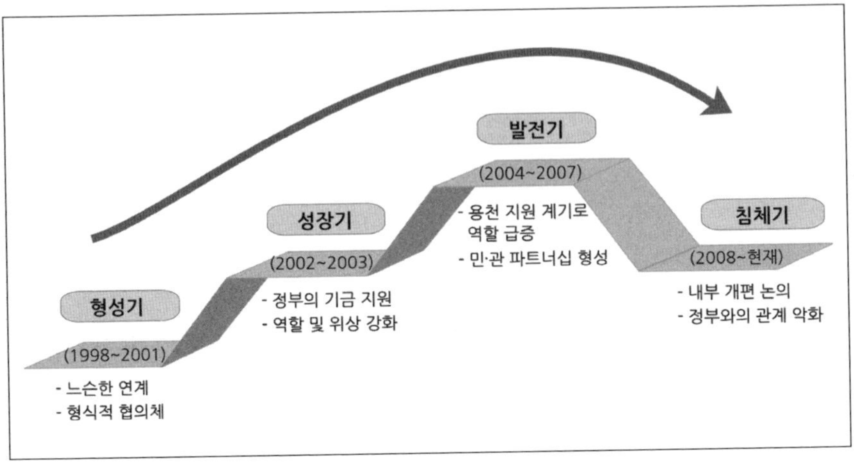

그림 3-6 북민협의 시기별 변화 과정

차이가 공존하면서 대북지원 활성화를 위한 공동대응에 미약했으며, 결국 북민협이 인도적 지원 재개를 위한 결속력 있는 위상과 역할을 제대로 수행하지 못함에 따라 이 시기를 북민협의 침체기로 규정할 수 있는 것이다.

지금까지 논의한 북민협의 시기별 변화 과정을 도식화하면 그림 3-6과 같다.

4. 6·15공동선언실천남측위원회

1) 결성 배경

1987년 6월항쟁 이후 열려진 정치공간에서 공개적이고 대중적인 통일운동이 전개되었다. 1988년 6월 학생운동 진영에서 남북학생회담이 제기되고 공개적으로 통일운동이 전개되었다. 또 1989년 문익환 목사가 방북하고, 평양에서 열린 제13차 세계청년학생축전에 임수경 씨가 전국대학생대표자협의회(약칭 전대협)의 대표로 참가하면서 통일에 대한 대중의 관심을 얻게 되었다. 1990년대에 들어서 탈냉전이 본격화되면서 한반도의 통일 실현이라는 사회적 분위기가 고조되고 이러한 변화의 흐름에 조응하여 통일운동 진영은 남북과 해외의 3자 연대조직인 범민련을 결성하게 된다.

하지만 범민련에 대한 정부 당국의 지속적인 탄압과 통일운동의 정신적 구심이었던 문익환 목사의 사망으로 인해 이후 통일운동의 진로와 방향을 둘러싼 민간통일운동 내부의 갈등이 확대되었다. 결국 이와 같은 내홍(內訌)은 1994년부터 1998년까지 8·15 행사를 범민련 해체파와 범민련 사수파 양측으로 쪼개져 진행하면서 절정에 이르렀다.[17] 결국 새로운 통일운동체 결성을 지지하는 세력의 중심에 있는 자주평화통일민족회의(이하 민족회의)가 결성되고, 앞에서 언급한 것처럼 민족회의의 주요 인사는 1998년 민화협을 결성하는 데 주도적인 역할을 하였다. 그리고 잔존한 범민련 사수 세력은 조직이 크게 위축된 상태에서 민간통일운동을 면면히 진행해 왔다.

2000년 6월에 열린 남북정상회담은 민간통일운동 진영이 제2의 도약을 위한 대전환의 기회공간을 열어 주었다. 남북정상회담으로 통일 문제에서 정부 당국의 역할에 대한 새로운 인식이 확산되었는데, 통일운동이 정부 당국과 협조 또는 공조가 필요하다는 인식 변화가 그 핵심이다. 따라서 민간과 정부의 역할 재정립이 시도되었고, 민·관이 함께 가야 한다는 인식이 확산되었다. 따라서 전통적인 통일 3대 원칙과 4대 과제론(자주·평화·민족대단결의 3대 원칙, 국가보안법 철폐, 평화협정 체결, 주한미군 철수, 연방제 통일의 4대 과제)은 6·15공동선언 실천으로 통일운동의 실천적 전환을 맞게 되었다.

---

17 8·15 행사는 범민련이 중심이 되는 범민족대회와 자주평화통일민족회의가 중심이 되는 통일축전의 형태로 나뉘어 동시에 진행되었다.

정부 당국의 공식 승인 아래 최초로 2001년 8·15공동행사가 평양에서 개최되기에 이르렀다. 이 행사는 통일운동사에서 남·북·해외가 함께 모인 최초의 행사이기도 했다. 따라서 2001년 8·15공동행사는 참여 주체의 측면에서 큰 변화가 있었지만, 기능적인 측면에서는 1990년대 중반까지 범민련 주도로 8·15공동행사를 추진한 남·북·해외의 3자 연대 틀이라는 성격을 계승하고 있었다.

2001년 8·15공동행사 추진위원회에는 민화협과 통일연대(2007년 이후에는 진보연대), 7대 종단이 참여하여 6·15공동행사와 8·15공동행사를 성사시키는 데 주도적인 역할을 하였다. 이때 북측의 파트너는 기존의 범민련 조직을 확대재편했는데, 남측 민간단체와의 사회문화 교류협력 부문을 총괄하던 민화협이 이를 맡았다. 2002년에는 금강산에서 북측 민화협과 함께 300여 명이 참석한 6·15공동행사를 추진하였다. 이처럼 민족공동행사 추진본부 형식으로 매년 공동행사를 추진해 오던 남북한 관계자들은 공동행사를 추진할 대중적인 남북 공동상설기구를 설립할 필요성을 공유하게 되었다. 2004년 하반기부터 공동기구 설립에 대한 논의를 본격적으로 시작하면서 결국 2005년 2월 금강산에 모인 남·북·해외 대표들은 '6·15공동선언실천민족공동위원회'(이하 6·15공동위원회)를 결성하는 데 합의하였다.

북쪽과 친밀한 네트워크를 유지하고 있는 통일연대, 광범위한 대중적 기반 확보와 함께 정부와 우호적인 관계를 형성하고 있는 민화협, 인적·재정적 동원력을 확보하고 있는 종단이라는 세 행위자의 이해관계가 맞아떨어지면서 '6·15공동선언실천남측위원회'(이하 6·15남측위원회)는 '조합주의적' 성격의 협의체를 형성하게 되었다. 범민련과 6·15공동위원회의 차이점은 전자가 3자 연대 기구인 반면에 후자는 3자 협의체 기구라는 측면에서 전자에 비해 결속력이 낮다는 것이다. 민화협과 6·15남측위원회의 차이점은 전자가 남한사회의 영향력이 크다면, 후자는 대북관계에서 영향력이 크다는 것이다. 또 전자가 국가보안법, 주한미군 문제와 같은 정치적 의제를 다루지 않고 남북관계를 조율하는 데 더 관심을 갖는 반면에, 후자는 정치적 의제도 다룰 수 있고 통일운동 문제에 더 집중한다는 차이점이 있다.

2) 조직의 구성과 운영

2005년 12월 중국 선양(瀋陽)에서 공식 채택된 6·15공동위원회의 규약에 의하면 6·15공동위원회는 “6·15공동선언을 실천하여 민족의 화해와 단합, 통일을 이룩하려는 남북과 해외의 각 정당, 단체, 인사를 폭넓게 망라하기 위한 상설적인 통일운동연대조직”으로 규정되어 있으며, 주요 목적은 민족통일행사를 비롯한 다양한 민간통일운동을 조직하고 집행하는 것으로 명시되어 있다.

또 규약은 6·15공동위원회를 남측위원회, 북측위원회, 해외측위원회의 합의에 따라 조직·운영하고 공동위원회 회의와 공동위원장 회의, 실무회의를 통해 운영한다고 명시하고 있다. 또 공동위원회 회의는 3자 합의에 따라 연 1~2회 소집되며, 주요 민족통일행사와 공동의 통일운동 방향 등을 토의·결정한다. 공동위원장 회의는 남측위원회, 북측위원회, 해외측위원회의 위원장이 협의하여 소집하며, 공동위원회의 사업 및 운영과 관련된 주요 문제를 조정·합의한다. 공동위원회는 3자 간의 원활한 의사소통을 위해 공동사무국을 두고 있다.

6·15남측위원회는 크게 4개 부문의 협의체 조직으로 구성되었다. 4개 부문은 ①7대 종단으로 구성된 ‘온겨레손잡기운동본부’, ②‘좌우합작·민관협력의 통일운동’을 슬로건으로 하고 있는 민화협, ③민중운동에 기반한 통일연대, ④시민단체의 전국적인 연대 틀인 ‘시민사회단체연대회의’ 등이며, 여기에 노동·농민·청년학생·여성·교육·학술·언론·체육·문화예술 등 부문별 조직과 16개 광역시·도 단위의 지역본부가 참여하고 있다. 또

6·15남측위원회 외에도 동일한 명칭의 북측위원회와 해외측위원회 3자가 '6·15민족공동위원회'를 결성하고 규약을 제정하여 공동위원회 회의, 공동위원장 회의, 실무회의 등을 두고 있다.

6·15북측위원회는 조선노동당의 통일전선부 산하 대남기구 중 하나로 2004년 12월에 결성되었다. 6·15북측위원회는 범민련 북측본부, 민족화해협의회(북측 민화협) 등의 활동을 이어받아 조직되었으나, 명예위원장·위원장·부위원장 등의 구성으로 볼 때 과거 단체에 비해 폭이 넓은 기구라고 할 수 있다. 현재 6·15북측위원회는 남측위원회와 마찬가지로 그 산하에 노동·농민·청년학생·여성·교육·학술·언론·체육·문화예술 등 분과위원회를 두면서 부문단체별 교류를 총괄하고 있다. 그러나 6·15북측위원회의 모든 활동은 조선노동당의 통일전선부에 소속된 민화협이 총괄하고 있기 때문에 실질적으로 조선노동당이 지도한다고 볼 수 있다.

마지막으로 해외측위원회는 '6·15공동선언실천'이라는 공동 명칭하에 일본, 중국, 미국, 캐나다, 대양주, 유럽, 러시아 등 7개 지역위원회로 구성되어 있다. 해외측위원회는 북한 국적을 가진 사람이거나 과거 군사독재시절 해외에서 민주화운동을 전개하면서 북측과 가까워진 사람들이지만, 최근 들어서는 민주평통의 해외자문위원, 각국 한인회·한인상공인 등 세계 한인사회가 관계 형성에 관심을 갖기 시작하였다.[18] 중국의 경우는 재중조선인연합회라 하여 '조선' 국적 소유자만으로 6·15공동선언실천 중국위원회가 구성되었고 이는 러시아의 경우도 비슷하다. 일본의 경우는 재일본조선인총연합회(약칭 조총련) 외에 한국 국적의 단체가 합류하고 있지만, 2006년 10월 현재 재일본대한민국민단(약칭 민단)은 참여하지 않고 있다.

---

18. 김갑식·정현곤, 「'남북교류 거버넌스'의 실태 분석 및 평가: '6.15남측위원회'를 중심으로」, 『한국정치연구』 제17집 1호(2008), p. 192.

6·15남측위원회는 참가 단체와 개인의 연대와 합의정신에 따라 조직·운영되며, 여성을 30% 이상 조직운영에 참여시킨다는 원칙이 규약에 명시되어 있다. 6·15남측위원회의 조직은 공동대표회의, 운영위원회, 집행위원회, 상설위원회, 사무처, 지역본부 등으로 구성된다. 먼저 각계각층을 대표하는 200명 내외의 공동대표로 구성되는 공동대표회의는 6·15남측위원회의 주요 활동과 운영 방향을 토의·결정하며, 상임대표·명예대표·운영위원·공동대표·감사 등 임원을 선출한다. 임원의 임기는 2년이며 연임할 수 있다. 상임대표는 1인이며 약간 명의 명예대표를 둘 수 있다. 상임대표는 대내외적으로 6·15남측위원회를 대표하고 활동과 운영을 총괄한다. 초대 상임대표로는 백낙청 서울대학교 명예교수가 선출되었으며, 2009년 3월부터 출범한 제3기에서는 전 민주평통 수석부의장인 김상근 목사가 2대 상임대표로 선출되었다. 공동대표회의는 연 1회 개최된다.

운영위원회는 공동대표 중에서 선출된 45인 이내의 운영위원으로 구성되며, 공동대표회의의 안건을 심의·상정하고 남측위원회의 활동방향과 사업계획, 기타 운영에 관한 사항을 토의·결정한다. 집행위원회는 운영위원회의 안건을 심의·상정하며 공동대표회의와 운영위원회에서 합의·결정한 사항의 집행을 책임진다. 규약상 집행위원회는 약간 명의 공동집행위원장을 둘 수 있으며, 운영위원회의 동의를 받아 상임대표가 임명한다. 집행위원회는 공동집행위원장단, 정책위원회 상임위원 중 1인, 특별위원회가 선임한 집행위원, 부문계층별 본부의 집행책임자, 광역시·도별 본부의 집행책임자, 분야별위원회의 집행책임자, 대변인실의 집행위원, 사무처장단 등으로 구성된다. 실질적으로 공동집행위원장단은 6·15남측위원회를 주도하는 실세 단체인 민화협·7대 종단·온겨레손잡기운동본부·통일연대·시민사회단체연대회의의 집행위원장으로 구성된다. 운영위원회와 집행위원회는 주요 의결단위 회의기구이다.

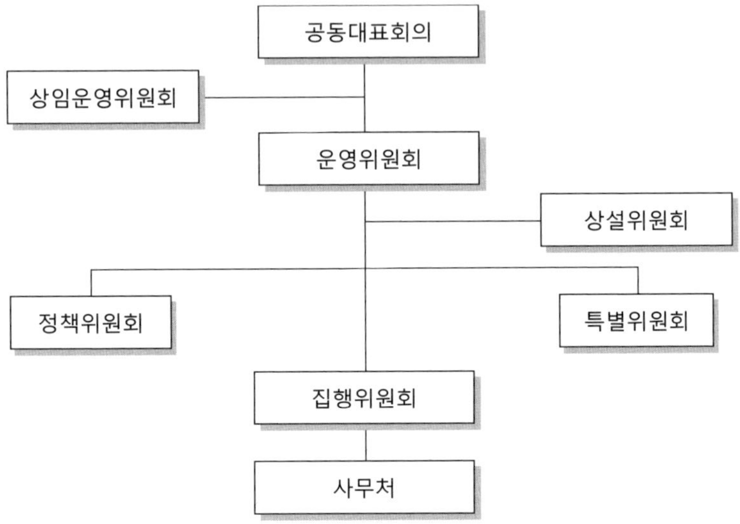

그림 3-7 6·15남측위원회 조직도

운영위원회 직속으로 약간 명의 상임위원을 두고 있는 정책위원회는 6·15남측위원회의 활동방향에 대한 제반 정책적 내용에 대한 토의를 진행하고 토론회와 포럼 등 각종 형식의 정책사업을 수행한다. 정책위원장은 운영위원회의 동의를 받아 공동대표 중에서 상임대표가 임명한다. 특별위원회는 운영위원회 직속이며, 공동대표회의 또는 운영위원회가 의결한 특정 과제를 원활히 추진할 목적으로 한시적으로 운영된다. 이 밖에도 상설위원회로 여성위원회, 청년학생위원회 등이 설치되어 있다.

3) 시기별 주요 활동

(1) 모색기(2000~2004)

2000년 6월 남북정상회담이 성사된 이후 6·15공동선언 발표 1주년을 기념하기 위해 2001년 6월 15일 금강산에서 남북한 민간 대표자들이 직접 만나 민족대토론회를 진행하였다. 이때 남측은 6·15공동행사 '추진본부'의 형태로, 북측은 6·15와 8·15 민족통일촉진운동을 위한 북측 준비위원회의 형태로 참여하여 8·15공동행사를 같은 해 8월 15일부터 21일까지 개최하기로 합의하였다.

'추진본부'는 정부와의 협력노선을 내건 민화협과 7대 종단으로 구성된 온겨레손잡기운동본부가 주축이 되어 시작되었고, 기존의 재야 통일운동 단체들은 2001년 3월 '통일연대'로 재결집하여 6월 이후 '추진본부'에 결합하였다. 북측은 1998년 6월 8일에 새로 확대 개편된 민족화해협의회(이하 북측 민화협)가 8·15공동행사 '추진본부'를 상대하였다.

하지만 8·15공동행사가 처음부터 순조롭게 추진되었던 것은 아니다. 추진 주체에 대한 남북한 당국 간의 관점 차이로 인해 시작부터 진통이 있었다. 2001년 4월 민화협과 통일연대는 각각 북측 민화협과 접촉을 시도했지만, 남측 당국은 통일연대가 친북 성향이 있다고 하여 방북을 승인해 주지 않았다. 이에 대응하여 북측 민화협은 남측 민화협과의 만남에 나오지 않았다. 그러나 6월 이후 7대 종단과 남측 민화협, 통일연대가 결합하여 '추진본부'를 결성하자 남한 당국은 대북접촉을 승인하였다. 이러한 정부의 입장 변화는 민간교류에서 발생할지도 모를 이념적 편향을 우려하여 3자 조직이 이를 방지할 수 있는 구조라고 생각했기 때문이다.[19]

이렇게 시작된 6·15공동행사 '추진본부'는 남북 공동으로 6·15행사와 8·15행사를 추진하는 주도적인 조직이 되었다. 하지만 특정 참여단체를 두고 남북한 당국 간에 대립이 계속되었다. 2002년 2월 금강산에서 남북한은 새해맞이 공동모임을 가지기로 했는데, 남한 정부가 통일연대 소속 46명의 방북을 불허함에 따라 다른 진보단체 소속의 방북 예정자 99명이

---

19. 김갑식·정현곤, 「'남북교류 거버넌스'의 실태 분석 및 평가: '6.15남측위원회'를 중심으로」, p. 198.

모두 참가를 포기하였다. 7대 종단과 민화협만으로 구성된 남측 참가단이 금강삼 모임이 참여하기 위해 방북했으나, 북측이 고성항에서 남측 참가단의 입경을 불허함에 따라 새해맞이 남북공동모임은 결국 무산되고 말았다. 하지만 2002년에는 다시 '추진본부'의 주도로 6·15공동행사가 금강산에서 열리고, 8·15공동행사(서울)와 개천절 남북공동행사(평양)가 개최되었다. 2003년에는 3·1민족대회가 서울에서 열렸지만, 6·15공동행사는 사스 파동으로 분산 개최되었다. 같은 해 8·15공동행사가 다시 평양에서 열렸을 때에는 홍성남 내각총리가 환영 연설을 하고 김영남 최고인민회의 상임위원장이 방북한 남측 주요 간부급 인사들을 초청하는 등 북측이 적극적인 모습을 보여 주었다.

이후 2003년 개천절 공동행사와 2004년 6·15공동행사가 성사되었다. 그러나 2004년 7월 8일 김일성 주석 서거 10주기를 맞아 남측 대표들의 방북을 남한 정부가 불허하고 태국에 있는 대규모 탈북자들을 전세기를 통해 남한으로 수송함으로써 남북관계가 얼어붙으면서 8·15공동행사는 무산되었다. 이 시점에서 민족공동행사를 추진할 남·북·해외의 3자 상설기구를 만들자는 의견을 북측이 먼저 제안해 왔고 이에 남측과 해외측이 응하여 2004년 11월부터 본격적인 논의에 들어가게 되었다.

남북한 민간 대표자들이 중국 선양, 평양, 금강산, 서울 등을 오가며 여러 차례의 회의를 가진 결과 2005년 1월 초 6·15북측준비위원회가 먼저 결성되고, 같은 해 1월 31일 백낙청 서울대학교 명예교수를 대표로 하여 6·15남측준비위원회가 결성되었으며, 최종적으로 2005년 2월 금강산에서 남북 대표들이 모여 6·15공동행사준비위원회(공식 명칭은 '6·15 공동선언 실천을 위한 남북해외 공동행사 준비위원회')의 결성을 합의하는 데 이르렀다. 이때 백낙청(남측 대표), 안경호(북측 대표), 곽동의·문동환(해외측 대표)이 공동위원장으로 선임되었다.

2005년 12월 9~10일에 중국 선양에서 열린 6·15공동위원회 회의에서는 운영규약을 채택하고, 6·15공동위원회의 성격을 '남·북·해외의 각 정당, 단체, 인사들이 폭넓게 참여하는 상설 통일운동연대조직'으로 재규정하였다. 또한 회의는 공식 명칭을 '공동행사준비위원회'에서 '6·15공동선언실천민족공동위원회'로 개칭하는 데 합의하였다. 이에 따라 '6·15공동선언실천남측준비위원회'의 명칭도 '6·15공동선언실천남측위원회'로 변경되었다. 선양 회의에는 6·15남측위원회 백낙청 상임대표와 공동대표단, 김제남·이승환·정인성·한충목 집행위원장과 정현곤 사무처장, 협동처장 및 부문본부 집행위원장 등 43명이 참석하였다. 북측과 해외측에서는 6·15북측위원회 안경호 위원장을 단장으로 하는 20여 명의 대표단과 6·15해외측위원회 곽동의·문동환 공동위원장을 단장으로 하는 20여 명의 대표단이 참석하였다.

여기서 한 가지 주목할 점은 2005년 12월 남·북·해외측 위원회 대표가 합의하여 채택한 6·15공동위원회 규약은 남측위원회의 공동대표인 이석태가 제안한 규약 설명문과 내용이 거의 일치한다는 점에서 실질적으로 남측위원회가 주도적 역할을 했음을 알 수 있다.

한편 2005년 6·15남측위원회가 결성되는 데 주도적 역할을 한 단체들 중에서 통일연대에 주목할 필요가 있다. 통일연대를 이해하기 위해서는 먼저 범민련이라는 조직에 대한 이해가 필요하다. 1988년 이후 통일운동을 주도했던 급진적 운동 진영은 1990년 열려진 정치적 공간을 활용하여 분단 이후 최초로 남북과 해외의 3자 연대 조직인 범민련을 결성하였다. 북측의 경우 범민련을 3대 통일원칙의 하나인 '민족대단결'을 실현할 조직으로 판단하여 당국 차원에서 적극적으로 참여한 반면에, 남측의 경우에는 범민련이 결성될 당시 대다수의 재야 단체들과 통일인사들이 참여함으로써 민족통일기구의 맹아로 인식하였다.

하지만 범민련은 북한이 배후조종하는 친북단체라는 인식 때문에 결성될 때부터 노태우·김영삼 정권의 대대적인 탄압을 받았다. 또한 범민련은 국가보안법 철폐, 주한미군 철수, 연방제 통일 등을 주요 활동 목표로 전면에 내세우면서 이적단체로 규정받기에 이른다. 정부의 탄압과 통일운동 내부의 이견들이 대립하고 결성 초기에 의장을 맡았던 문익환 목사가 사망하자 1994년 이후 범민련 조직은 급격히 위축되었다. 이러한 상황에서 2000년 남북관계가 다시 급진전되고 사회적으로 통일 분위기가 형성되자 통일운동 진영 내부에서는 범민련 중심의 통일운동 재편이냐, 아니면 범민련을 대체할 새로운 조직을 결성할 것인가를 둘러싼 논쟁이 제기되었다. 이후 일부는 범민련의 명맥을 유지하고, 일부는 범민련을 탈퇴하여 2001년 3월 '통일연대'라는 조직을 만들게 된다.

통일연대는 급진적이고 강경하며 구세대 중심의 범민련 조직에 대한 편협한 기존 이미지에서 탈피하여 젊고 대중적인 통일운동조직(여전히 친북적 성향이 존재함)으로 변신하는 데 성공했을 뿐만 아니라 범민련에서 활동하면서 쌓아 온 북한과의 네트워크가 있어 노무현 정부 시기에 우월한 대북 협상 지위를 이용하여 단기간 내에 남쪽의 통일운동 진영에서 활발한 활동을 해오던 민화협과 대등한 위상을 확보할 수 있었다. 흥미로운 사실은 통일연대가 공식적으로 출범하기 이전인 2000년 10월 6·15공동위원회준비위원회가 결성될 당시부터 통일연대의 주요 활동가들이 준비위원회에 참가하여 활동을 했다는 점이다. 이로써 남·북·해외의 3자 연대 틀인 6·15공동위원회의 결성이 성사되기까지 통일연대가 중요한 기여를 했음을 알 수 있다.

하지만 6·15공동위원회가 결성되는 과정에서 누가 주도적인 역할을 했는가에 대해 정부 관계자와 7대 종단은 다른 평가를 하고 있다. 심층면접 결과 주로 민화협과 관계를 맺고 있었던 정부 관계자 측은 6·15남측위원회에서 통일연대의 존재에 대한 인식이 거의 부재했고, 7대 종단 측은 민화협과 통일연대의 대립으로 여러 차례 무산될 뻔했던 공동행사가 7대 종단의 결정적인 역할로 성사될 수 있었다면서 7대 종단을 6·15남측위원회의 주도적인 주체로 인식하고 있었다.

(2) 성장기(2005~2006)

2001년부터 2004년까지는 정부와 민간의 상호 신뢰 부족으로 협력관계가 형성되지 못했지만, 2005년에는 6·15공동행사(평양)에서 민·관 협력체계가 구축될 만큼 진전되었다. 정부와 민간의 협력구조가 정착되자 남북한 교류협력 협의체들 사이에서 6·15공동위원회의 위상과 역할이 크게 진작되었다. 특히 부문별 공동사업의 경우 2001년부터 별도로 진행되어 오다가 2005년부터는 6·15공동위원회를 통해 창구의 통합이 이루어졌다.

흥미롭게도 2005년에 6·15공동위원회가 추진한 공동행사가 대중적 반향을 크게 얻자 남측의 부문별 참여 요구가 급속히 늘어나면서 오히려 북측에서 적당한 파트너를 찾지 못해 곤란한 상황까지 벌어지게 되었다. 예를 들어, 남측에서는 환경운동단체가 통일운동에 참여하기를 희망했지만, 북측에는 환경운동단체가 없기 때문에 어느 부문에 소속시켜야 할지 난감하게 된 것이다. 마찬가지로 남측의 대한변호사협회와 같은 변호사단체의 경우도 북측에 조선민주법률가협회가 있기는 하지만 포괄 대상과 범위가 상이하여 파트너십을 이루지 못했다. 이처럼 남한에서는 시민사회가 매우 분화된 반면에, 북한에서는 시민사회의 영역이 발달하지 못하여 부문별 교류협력사업에서 적절한 파트너십을 형성하는 데 어려움을 겪었다.

6·15남측위원회가 남한 사회의 통일운동에서 중요한 기구로 급격히 성장하게 된 데는 2005년 6·15공동행사가 결정적인 역할을 했다. 평양에서 개최된 2005년 6·15공동행사는 6·15선언 5주년을 기념하는 상징성으로 남북 측이 모두 적극적으로 행사를 준비했고 참여연대, YMCA, YWCA, 민변, 전교조, 환경운동연합, 녹색연합과 같은 남한 사회의 주요 시민단체들이 대거 참여하였다. 시민단체들은 '권력에 대한 감시와 견제'라는 본연의 역할에 초점을 두면서도 6·15선언 이후 남북관계가 남한 사회에 큰 영

향을 미치는 것을 보면서 통일운동 차원은 아니지만 시대적 변화 흐름에 동참하고자 하는 의지로 참여하게 되었다. 그리고 평양에서 열린 6·15공동행사 방북단에는 당시 정동영 통일부 장관이 동행하였다. 당시 북한은 6자회담에 참여하지 않고 있었으며, 남북한 장관급 회담에도 불응하고 있는 상태였다. 결과적으로 정동영 통일부 장관의 방북은 북한 당국을 움직였고, 행사 마지막 날에 김정일 국방위원장과 정동영 통일부 장관의 면담이 전격적으로 이루어지게 되었다. 이후 북한은 6자회담에 복귀하였으며 9·19공동성명에 합의하기에 이르렀다. 또한 같은 해 8·15 서울 행사에 북측의 김기남 비서를 비롯한 고위급 대표단이 국립현충원을 방문·참배하여 남한 사회에 반향을 불러일으키기도 했다. 이러한 일련의 정치적 사건은 6·15남측위원회와 같은 민간 영역의 남북교류협력사업이 남북 당국간 대화에 징검다리 역할을 할 수 있다는 능력을 인정받는 계기가 되었다.

6·15남측위원회가 후발 남북한 교류협력 협의체임에도 불구하고 2005년부터 급속히 성장할 수 있었던 데에는 정부의 남북협력기금 지원이 큰 역할을 하였다. 2005년 이전에는 남측 지역에서 행사가 열릴 경우 정부가 왕래 자금의 일부만을 사후 집행했지만, 2005년 서울에서 열린 8·15공동행사 때부터는 왕래 자금뿐 아니라 사회문화협력사업으로도 지원을 하였다. 이와 같이 정부가 적극적으로 기금을 지원하게 된 이유는 2005년 6·15 평양 행사에서 정동영 통일부 장관과 김정일 국방위원장의 면담이 성사된 이후 교착상태에 빠져 있던 남북관계가 복원되고 6자회담이 재개되자 6·15남측위원회가 주도하는 남북 공동행사의 역할과 기여를 정부가 인정했기 때문이다.

또한 6·15남측위원회가 급속히 성장한 데에는 남북교류협력사업의 대북창구를 6·15남측위원회로 단일화한 점이 작용하였다. 6·15공동위원회가 공식적으로 결성된 이후 남북교류협력사업을 원하는 부문이나 지역은 형식적으로 6·15남측위원회를 통해야만 했다. 북측과 합법적인 형태로 교섭을 하기 위해서는 남측위원회를 거친 후 일본의 해외사무국(중개권)을 거쳐 북측으로 들어가는 방식으로 진행되었다. 이런 점에서 6·15남측위원회가 남한 사회에서 이루어지는 남북교류협력사업에서 일정한 조정 권한을 갖게 된 것이다.

2005년에는 6·15공동위원회와 6·15남측위원회가 결성된 첫해로서 조직을 대중적으로 인식시키고 각계의 참가를 확대하는 데 주력했다면, 2006년에는 6·15남측위원회가 각계로 보다 깊이 뿌리내리는 데 주력함으로써 6·15남측위원회의 활동을 '시민참여형 통일운동'으로 발전시키고자 하였다. 이러한 목표를 달성하기 위해 6·15공동행사에 각계 성원들과 지역 시민들을 광범위하게 참여시켰고, 6·15공동행사를 지역 소도시까지 확대 추진했으며, 시민개방형 문화행사를 적극적으로 마련함으로써 시민들이 공동행사를 직접 체험할 수 있도록 하였다. 다시 말해서, 6·15공동행사의 전국화·대중화를 꾀하였다.

(3) 갈등기(2007~현재)

비록 정부가 6·15남측위원회를 남북교류협력 분야의 정책 협의 파트너로 인정했을지라도 남·북·해외의 3자 연대 틀인 6·15공동위원회가 법적인 지위를 획득한 것은 아니었다. 조직 내부에 누적되어 온 많은 문제점들(의사결정 과정에서의 민주성 부족, 권위주의,[20] 이념적 편향성 등)은 2007년 6·15공동행사를 계기로 표출되기에 이르렀다.

남한의 민간통일운동 진영 내부에 존재하는 갈등과 대립은 6·15남측위원회의 활동을 제약하는 주요 요소이다. 특히 민화협과 통일연대 간에는

---

20 2007년 6·15공동행사 진행 과정에서 나타난 권위주의 양상에 대해서는 다음을 참조할 것. 김갑식·정현곤, 「'남북교류 거버넌스'의 실태 분석 및 평가: '6.15남측위원회'를 중심으로」, p. 203.

뿌리 깊은 갈등이 지속되고 있다. 심층면접을 했던 6·15남측위원회의 임원급 관계자인 B씨의 증언에 따르면, 6·15남측위원회의 실질적인 사업들이 결정되는 공동집행위원회는 민화협, 7대 종단, 통일연대(2007년 이후 진보연대), 시민사회단체연대회의, 여성, 그리고 지역 대표로 구성되는데, 통일운동에 대한 민화협과 통일연대 간의 명확한 노선 차이로 인해 두 단체 간에 의견 조정이 이루어지면 공동집행위원회의 의견은 대체로 합치되었다고 한다. 이 두 단체 간의 갈등 때문에 남측 당국의 경우 민화협과의 원만한 관계를 활용하여 민간행사의 친북적 경향을 통제하려는 경향이 있는 반면에, 북측의 경우는 통일연대를 통해 자신의 의견을 관철하려는 모습이 종종 나타났다.

예를 들어, 2007년 평양에서 열린 6·15공동행사가 파행적으로 진행되었는데, 표면적으로는 한나라당 박계동 의원을 주석단에 착석시키는 문제를 둘러싼 남북한 주최 측의 갈등으로 나타났지만, 이면에는 6·15공동행사를 둘러싼 민화협과 통일연대의 주도권 경쟁으로 인한 갈등이 자리잡고 있었다. 2007년 6·15공동행사가 파행적으로 진행된 이후 북측은 민화협의 발언권이 강한 대규모의 중앙 행사에 대해서는 비판적인 입장을 갖게 되고 이후 지역과 부문 중심의 6·15공동위원회 운영을 모색한 것으로 알려지고 있다.

6·15공동행사의 개최 목적에 대한 남북한 간의 인식 차이는 6·15공동위원회의 활동을 제약하는 요소로도 작용하였다. 2005년에 남북이 각각 제출한 6·15공동위원회에 대한 평가서를 보면 남측위원회는 주로 교류 영역의 증대와 사업 과정에서의 민족화해 증진에 주목한 반면, 북측위원회는 반통일세력 분쇄 등 정치적 목표의 이행에 중심을 두고 있어 상당한 격차가 있었음을 알 수 있다.[21] 이뿐만 아니라 2008년 금강산에서 개최된

---

21. 김갑식·정현곤, 「'남북교류 거버넌스'의 실태 분석 및 평가: '6.15남측위원회'를 중심

6·15공동행사에서는 북측이 공동성명 문건에 당시 남한 사회에서 주요한 사회문제로 대두된 반정부적 촛불집회와 관련된 용어를 집요하게 삽입시키려고 함으로써 남측의 시민단체와 종교단체가 본회의장을 퇴장하는 사태가 벌어지기도 했다.

2007년 10·4선언 이후 6·15공동위원회의 내부 분위기는 긍정적으로 바뀌었지만, 12월 대선 이후 출범한 이명박 정부의 강경한 대북정책 때문에 대규모 남북공동행사는 대부분 중단되었다. 이명박 정부의 정책입안자들은 남북관계 분야에서 '잃어버린 10년', '좌파정부가 북을 잘못 길들여왔다', '기다리는 것도 전략'이라는 인식 속에서 기존의 남북교류협력 방식에 대해 비판적인 입장을 보였다. 특히 6·15선언과 10·4선언에 대한 불인정과 합의사항에 대한 전면적 검토 등은 남북관계를 급속히 냉각시켰고 민간단체의 지원과 교류협력사업에도 크게 영향을 미쳤다. 민간단체의 교류협력사업에 대한 정부의 지원이 이루어지지 않고, 정부 당국의 방북 불허(형식은 승인 유보) 조치가 계속되면서 민간교류가 급격히 위축되었다. 이러한 남한의 강경한 대북정책에 맞서 북한 당국도 강경한 대남정책을 취하였다. 이에 대규모 방북행사가 불가능하게 되었으며, 2009년 6·15공동행사는 남북이 각각 독자적으로 진행하였다.

이 밖에도 이명박 정부 시기에 6·15남측위원회의 동력이 크게 위축된 이유는 조직 내부의 변화에서도 찾을 수 있다. 2008년 9월 말 정부 당국은 남북공동선언실천연대(이하 실천연대)를 전격 압수수색하고 국가보안법 위반 혐의로 주요 간부들을 구속하였다. 실천연대는 6·15남측위원회에 가입한 단체로, 실천연대의 주요 활동가들은 범민련 출신이다. 또한 6·15남측위원회에서 선도 집단으로 활동했던 통일연대가 2007년 1월 전국민중연대와 통합하여 '한국진보연대'(이하 진보연대)로 재탄생하게 되었다. 이는

으로」, p. 204.

민족해방운동계와 노동해방운동계의 대결합을 의미하는데, 문제는 이명박 정부에서 진보연대를 이적단체로 규정했다는 점이다. 따라서 2009년 3월 6·15공동위원회 회의에 참석할 방문단 가운데 진보연대 소속의 방북자들은 방북 허가를 받지 못해 회의에 참석하지 못하는 일이 발생하였다. 게다가 촛불집회를 주도한 혐의로 진보연대의 주요 간부들이 구속되었으며, 통일연대 가입 단체 가운데 가장 힘 있는 조직 중 하나인 민주노총이 진보연대에서 탈퇴하면서 진보연대는 동력을 크게 상실하게 되었다.

더욱이 진보연대를 강경파가 장악하면서 진보연대 소속 범민련 의장이 6·15남측위원회의 상임운영위원회에 들어오자 내부적으로 분열이 발생하였다. 게다가 2009년 5월 이규재 범민련 의장이 구속되면서 진보연대가 위기를 맞게 되어 6·15남측위원회의 향후 전망이 불투명해졌다.

하지만 6·15남측위원회 조직 내부의 자정능력이 완전히 부재한 것은 아니다. 2007년 6·15공동행사가 파행으로 치달으면서 독점적 의사결정 과정에 대한 문제점이 본격적으로 제기되었다. 그리고 대안으로서 남북교류사업이 분과별·지역별로 활성화되어야 한다는 주장이 내부로부터 제기되었다. 이에 노동, 농민, 청년학생, 문학·역사인, 여성, 언론, 일부 지역(전북위원회, 경남위원회 등)의 독자적 활동이 증가하면서 자체적인 교류협력 모델을 만들어 가고 있다. 노동자통일행사, 농민통일행사, 청년학생통일행사, 문학인의 공동행사와 『통일문학』 발간, 남북한 언론의 기사교류 합의 등이 대표적인 활동 사례들이다.

6·15남측위원회를 이끌어 왔던 주요 인사들 사이에서도 자성의 목소리가 일고 있다. 6·15남측위원회의 임원급 관계자인 B씨의 증언에 의하면, 남북한에 각각 정부가 세워져 남북 60년이라는 역사성과 위상을 갖고 있기 때문에 정부가 없었을 때의 통일방식, 즉 '제정당제사회단체 연석회의' 방식은 시대적 현실과 맞지 않기 때문에 달려져야 하며, 기본적으로 정부가 주도하고 민간은 이것을 뒷받침하면서 정치·사회적 여론을 조성

하고 확산하는 역할을 해야 한다는 견해가 제기되고 있다. 다시 말해서, 6·15남측위원회에서 민화협이나 통일연대 같은 조직이 주도적인 역할을 수행하고 있는 것은 과도적인 것일 뿐, 궁극적으로는 각 부문과 지역, 전문가 등 다양한 주체가 주도하는 방향으로 운영되어야 한다는 것이다.

제4장

교류협력 거버넌스의 구조와 변화

1. 남한의 협의체별 구조와 동학

1) 민주평화통일자문회의

(1) 남한 정부와의 관계

비정부사회운동단체(이하 NGO)의 유형을 구분할 때 정부와의 관계는 매우 중요한 기준이다. 일반적으로 정부주도형 NGO는 '관변단체'라고 일컬어지며, 대개 정부로부터 재정적·법적으로 육성·지원되고 보호를 받는다. 정부주도형 NGO는 정책(아젠다)과 재정, 조직의 인사 등 대부분을 정부에 의존하거나 정부의 통제를 받는다. 정부주도형 NGO 가운데 정부 주도로 형성된 단체들도 있고, 그 반대인 경우도 있다.

정부주도형 NGO는 정책 선정의 주도권이 정부에게 있으며, 서비스 주체 역시 정부 주도이다. 우리나라의 경우 정부주도형 NGO의 재정적 지원 형태는 특별법 제정을 통하여 이루어지는 것이 특징이다. 따라서 정책 영역, 서비스 주체, 재정적 지원 모두 정부가 결정하므로 정부주도형 NGO라고 볼 수 있다.[1] 민주평화통일자문회의(이하 민주평통)는 헌법기관으로

NGO라고 분류하는 데 무리가 있을 수 있으나 조직 구성과 구성원 충원, 운영체계 및 활동사업 등에서 전형적인 '관변단체'의 특성을 갖고 있는 정부주도형 NGO로도 볼 수 있다.

민주평통의 조직 구성원은 주민이 선출하는 지역 대표와 정당·직능단체·사회단체 등의 대표급 인사가 대통령에 의해 위촉되고 조직의 임원진도 대통령이 임명한다. 또한 조직 구성원들은 정부의 대북정책과 통일정책을 지지하고 홍보하는 일이 주요 임무가 된다. 따라서 조직성원의 구성과 정책 결정 차원에서 민주평통은 '자율성'이 낮아 정부로부터 독립된 사회적 주체라고 할 수는 없다.

재정적 측면에서 민주평통은 특별법('평화통일정책자문회의법')을 통해 매년 정부로부터 막대한 예산을 지원받고 있다. 하지만 엄밀하게 말해서 민주평통의 재정구조는 이원적 성격을 지니고 있다. 중앙조직인 사무처의 재정은 100% 국가예산인 반면, 지방조직인 지역협의회의 재정구조에서 국가예산이 차지하는 비중은 매우 작다. 지역협의회의 경우 대부분의 재정은 자문위원이 자발적으로 납부하는 회비로 구성된다. 민주평통의 재정구조에 대해 구체적으로 설명하면 다음과 같다.

2009년의 민주평통 총예산액은 167억 6,800만 원인데, 이 가운데 사업비가 116억 5,300만 원(69.5%)으로 가장 많은 비중을 차지하고 있으며, 다음으로는 사무처 인건비가 38억 7,700만 원(23.1%), 기본경비가 12억 3,800만 원(7.4%) 순이다. 사업비는 중앙조직에서 직접 수행하는 것과 지역협의회의 사업에 지원하는 것으로 나뉘는데, 중앙조직이 집행하는 사업비는 자문위원회 운영 지원에 7억 1,800만 원, 자문회의 개최 지원에 15억

1 임승빈, 「정부와의 파트너십 관계에서의 시민단체의 자율성과 책임성 확보를 위하여」, 시민사회포럼·중앙일보시민사회연구소 엮음, 『참여민주주의 실현을 위한 시민사회와 시민운동』(아르케, 2004), p. 218.

2,300만 원, 통일여론 조성활동에 8억 3,300만 원 등이다. 지역협의회의 활동에 지원하는 예산은 총 81억 7,100만 원인데, 이 가운데 국내 지역협의회에 75억 2,900만 원, 해외 지역협의회에 6억 4,200만 원이 지원된다. 지역협의회의 활동에 지원하는 예산이 전체 사업비에서 차지하는 비중은 73.6%이다.

하지만 지역협의회의 규모가 워낙 방대하기 때문에 비록 중앙 사무처에서 지역협의회 활동 지원에 쓰이는 예산의 비중이 클지라도 실질적으로 지역협의회를 운영하는 데 드는 총비용 중에서 중앙조직에서 지원받는 금액의 비중은 매우 작다. 일반적으로 지역협의회의 재정구조에서 가장 큰 비중을 차지하는 수입원은 일명 '분담금'이라고 불리는 회비로서, 지역협의회 전체 예산의 70%를 차지한다. 임원진의 분담금은 직위에 따라 30만 원에서 500만 원 수준에서 자발적으로 납부되고 있다.

지역협의회의 수입원에서 다음으로 많은 비중을 차지하는 것은 지방자치단체의 행사지원금이다. 해당 지방자치단체의 예산 규모에 따라 다르겠지만, 서울 지역의 경우는 보통 2,000~3,000만 원 수준으로 알려져 있다. 하지만 지역협의회의 경우는 지방자치단체의 공공건물을 무료로 함께 사용하기 때문 비록 현금 지원액은 작더라도 지역협의회에 대한 지방자치단체의 실질적인 지원액은 상당하다고 할 수 있다. 또 지방자치단체장이 어느 정당 소속인가에 따라 지역협의회 지원금액이 달라진다고 볼 수 있다. 예를 들어, 2007년의 경우는 지방자치단체장과 집권정당, 지역협의회장의 정치적 성향이 일치하여 지역협의회에 대한 지방자치단체의 지원이 적극적으로 이루어졌다. 하지만 2009년의 경우는 정권교체로 인해 단체장, 집권정당, 협의회장 3자의 정치적 성향이 불일치한 지역협의회의 경우에는 지방자치단체의 지원액이 줄어들었다.

마지막으로 지역협의회의 재정 수입원으로 중앙사무처에서 지급하는 지원금을 들 수 있다. 중앙사무처는 상시지원금이라고 하여 지역협의회

사무실 운영경비 용도로 연간 약 50만 원 상당을 지원하고 있는데, 이 금액은 해당 지역협의회 소속 자문위원의 규모에 따라 지역마다 상이하다. 이 외에도 사무처는 지역협의회 간사(정규직)의 급여를 대신 지급하며, 특별지원금이라고 하여 지역협의회가 기획한 사업(행사)에 대해 1년에 1건 정도 약 100만 원 상당을 지원하고 있다.

이상에서 살펴본 바와 같이 민주평통은 전형적인 정부주도형 NGO로서 대부분 법적·재정적으로 정부의 직접적인 지원과 감독을 받는 준정부기구의 성격을 띠기 때문에 순수한 NGO라고 보기는 어렵다.[2] 하지만 민주평통에서 비중이 크고 전체 재정의 상당 부분을 지출하는 지역협의회의 활동은 정부와 중앙조직으로부터 비교적 자유로우며 조직 구성원인 자문위원의 활동도 자발성에 기초하여 이루어진다는 측면에서 NGO로서의 자율성을 지닌다. 여기서 자율성이란 NGO가 정부지원사업에 직·간접적으로 참여하더라도 자신들의 정체성을 잃지 않고 독자성을 유지한다는 의미이다.

(2) 북한과의 관계

민주평통은 정부로부터 제도와 재정을 지원받는다는 점에서 다른 유형의 NGO에 비해 조직의 안정성을 확보하고 있지만, 조직 구성원의 선발과 정책(아젠다) 결정의 자율성을 크게 침해받고 있다. 이와 같은 정부종속적 또는 정부주도적 성격은 북한과의 교류협력에서 파트너십을 형성할 수 없는 근본적인 요인으로 작용한다.

이른바 "통일시대에 대비하기 위해 초당적·범국민적 차원에서 통일정

---

2 유팔무, 「비정부사회운동단체(NGO)의 역사와 사회적 역할: 시민운동과 정부와의 관계를 중심으로」, 유팔무·김정훈 엮음, 『시민사회와 시민운동 2: 새로운 지평의 탐색』(한울, 2004), p. 189.

책을 수립하고 추진해 나가는 데"에 창설의 의의를 두었던 민주평통은 1990년대 이후 통일운동 및 정책 영역에서 후발 단체에 주도권(헤게모니)을 빼앗기게 된다. 다시 말해서, 1990년대 이후 민화협, 6·15남측위원회, 북민협 등이 통일 및 대북 정책 영역에서 거버넌스의 주체로 급성장하고 있는 반면에 민주평통은 거버넌스 주체로서의 입지가 점차 좁아지게 되었다. 이와 같은 헤게모니의 역전 현상이 발생한 것은 1990년대 이전에는 통일운동단체들의 활동이 남한 사회에서 주로 이루어졌다면, 1990년대 이후에는 북한이라는 새로운 파트너가 등장함에 따라 북한과 얼마나 밀접한 관계를 형성하느냐에 따라 거버넌스의 주체로서 파워를 획득하게 되었기 때문이다.

북한이 민주평통을 정부기관으로 인식함에 따라 북한과의 파트너십을 형성하지 못한 민주평통은 남한 사회에서 통일 및 남북교류협력 부문의 거버넌스 주체로서 파워와 입지를 획득하는 데 한계를 가지게 된 것이다. 이러한 한계를 극복하고 활로를 모색하기 위해 민주평통은 2005년에 민주평통 자문위원들이 출자하고 운영하는 대북지원 법인체인 '남북나눔공동체'를 설립하고 북한과 밀접한 관계를 형성하고 있는 북민협의 회원으로 가입하였다. 하지만 북한이 남북나눔공동체를 민주평통의 방계조직으로 인식하고 있기 때문에 아직 남북나눔공동체의 회원 자격으로 공식적인 방북은 성사되지 않고 있다. 따라서 민주평통과 북한의 관계는 배제관계라고 할 수 있다.

(3) 조직 내부의 관계

제3장에서 자세히 설명한 것처럼 조직 성원을 대통령이 임명한다는 상징성과 조직 성원의 정치사회와의 유착관계 때문에 민주평통의 조직 내부의 관계는 경쟁적이다. 이미 지역협의회, 특히 해외 지역협의회의 자문위원 선출을 둘러싼 과열경쟁은 대내외적으로 모두 알려져 있는 고질적인

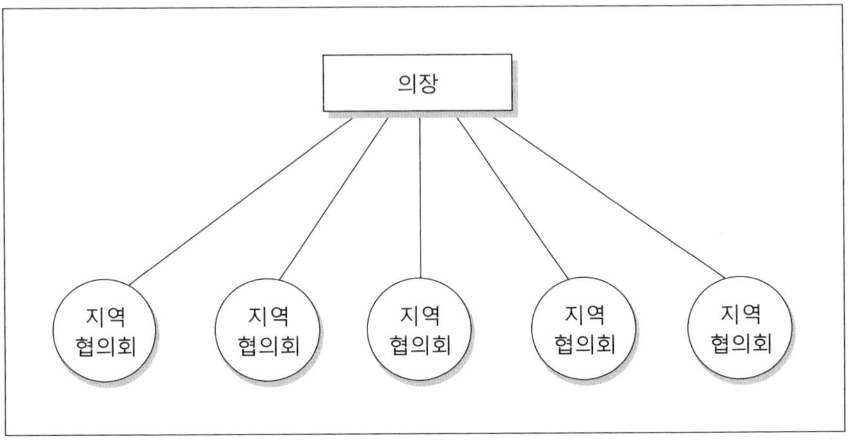

그림 4-1 민주평통의 조직 내부 관계 : 수직형

문제이다. 이 문제는 사회통합이라는 조직의 취지와 목적성을 훼손하고 오히려 사회분열을 조장하는 부작용을 낳고 있다.

또한 민주평통의 조직 성원은 2년 단위로 바뀌고 그 규모가 일정하게 제한되어 있기 때문에 회원 자격을 유지하려는 사람들과 새롭게 회원 자격을 획득하려는 사람들 간에 경쟁이 매우 치열하다. 결국 회원 자격을 둘러싼 경쟁은 정치사회 또는 정부권력과의 근접성에 의해 좌우되는 경향이 강하다.

다른 한편으로, 민주평통 조직 내부의 경쟁관계는 정책(아젠다) 영역에서도 형성된다. 지역협의회의 경우 지역주민들이 선출한 지역대표와 지역 유력인사들로 구성되고 지방자치단체와의 협력관계를 통해 활동이 이루어지기 때문에 지역의 정치적 성향과 동일한 경향을 보인다. 따라서 집권정당이 지역의 정치적 성향과 동일할 때는 정부의 정책에 수동적으로 따르지만, 반대로 집권정당과 다른 정치적 성향을 가진 지역의 자문위원과 지역협의회의 경우에는 정부의 정책에 이의를 제기하는 자문활동을 적극적으로 진행한다.

2) 민족화해협력범국민협의회

(1) 남한 정부와의 관계

NGO 가운데 상호협력형은 정책 영역과 재정 차원에 정부와 협력 또는 협조 관계에 있다. 이러한 유형은 정책과 재정에서는 정부주도형이지만 서비스 주체에서는 NGO가 주도하는 방식이다. 우리나라에서 이러한 파트너십을 보이는 사례로서는 지역사회의 사회복지협의회, 지방정부가 설립하고 시민단체가 운영하는 지역의 사회복지관, 정부부처의 지원센터 등으로 정부의 일부 기능 또는 서비스를 민간에 위탁한 경우를 들 수 있다. 상호협력형 NGO의 경우 정부가 의도적으로 정책 과정, 특히 정책집행 과정에서 NGO와의 파트너십을 강화하기도 한다. 이런 측면에서 통일 또는 남북교류협력의 영역에서 민족화해협력범국민협의회(이하 민화협)는 상호협력형 NGO의 성격을 가지고 있다.

민화협은 남북교류협력에서의 활동(또는 사업)을 독자적으로 결정하고 진행한다는 측면에서 아젠다의 자율성을 확보하고 있다. 하지만 북한과의 파트너십 형성에 대한 승인과 재정 지원을 정부에 의존하고 있으며, 조직의 주요 임원이 친정부적 인사로 구성된다는 점에서 정부와 협력관계에 있다. 이러한 정부와의 협력관계 때문에 외형적으로는 정책(아젠다)의 자율성을 갖고 있지만 정부의 정책에 반대하거나 비판적 태도를 적극적으로 나타내지는 않는다. 또한 정부가 남북교류협력 분야에서 북한 당국과 직접적 접촉을 피하면서 민화협을 통해 정부의 정책을 이행하게 한다는 점에서 정부와 민화협은 보완관계에 있다.

특히 민화협이 통일운동주체와 정부대리인의 성격을 동시에 가지고 있다는 것은 민화협을 이끌어가는 임원진 구성을 살펴보면 분명해진다. 민화협의 핵심 임원은 정치사회 출신 인사와 통일운동 출신 인사로 구성된다. 전자는 여야의 정치인이, 후자는 자주평화통일민족회의(이하 민족회의) 소속의 인사들이다. 이들은 민화협 활동의 방향성을 정하고 의사결정에서 권한을 행사하며 북한과의 파트너십을 형성하는 데 상당한 영향력을 미친다.

민화협 창립 당시의 임원진인 제1기(1998. 9) 중 정치인으로서는 한광옥(새정치국민회의 부총재)과 박철언(자유민주연합 부총재)이 상임의장으로, 설훈(새정치국민회의 기획조정위원장)이 집행위원장으로 참여하였다. 여당의 실세 정치인 중 한 명인 한광옥 의원과 연합여당인 자유민주연합 소속 박철언 의원이 상임의장을 맡음으로써 창립 초기에는 민화협을 실질적으로 여당이 주도했음을 알 수 있다.

하지만 민화협의 활동이 남북교류협력 영역에서 대중성과 주도성을 획득해 나가자 제2기(2001. 4)부터는 야당 소속 정치인들이 참여하게 됨으로써 민화협 내에 어느 정도의 견제적인 역학관계가 형성되기 시작한다. 이창복(새천년민주당 국회의원)과 조부영(자유민주연합 부총재)이 상임의장으로, 설훈(새천년민주당 국회의원)과 김홍신(한나라당 국회의원)이 집행위원장으로, 김원웅(한나라당 국회의원)이 정책위원장으로, 임종석(새천년민주당 국회의원)이 청년위원장으로 참여하였다.

제3기(2003. 3)에는 이전보다 훨씬 더 많은 정치인들이 참여하였다. 이상수(새천년민주당 사무총장), 이부영(한나라당 부총재), 이창복(새천년민주당 국회의원), 정우택(자유민주연합 국회의원)이 상임의장으로, 이호웅(새천년민주당 국회의원)이 집행위원장으로, 안영근(한나라당 국회의원)이 정책위원장으로, 임종석(새천년민주당 국회의원)이 청년위원장으로 참여하였다.

제1기와 제2기에는 연합집권당이라고 할 수 있는 새천년민주당과 자유민주연합 소속 정치인만이 상임의장을 맡다가 제3기부터는 야당인 한나라당 소속 정치인도 상임의장을 맡음으로써 여야의 균형을 이루게 된다. 또 다른 특징은 제2기 이후에는 여당 소속 정치인이 집행위원장을 맡고 야당 소속 정치인이 정책위원장을 맡는 등 조직 내부에서 여야 간 견제관계를 형성하고 있다는 점이다.

표 4-1 민화협 임원진 중 정치인의 여야 분포

시기	대표 상임의장	상임의장	집행위원장	정책위원장
제1기 (1998. 9)	여당	여당 2	여당 1	-
제2기 (2001. 4)	-	여당 2	여당 1, 야당 1	야당 1
제3기 (2003. 3)	-	여당 2, 야당 2	여당 1	야당 1
제4기 (2005. 2)	-	여당 2, 야당 1	여당 1, 야당 1	여당 1, 야당 1
제5기 (2007. 3)	-	여당 1, 야당 1	여당 1, 야당 1	-
제6기 (2009. 3)	여당	여당 2, 야당 1	여당 1, 야당 1	여당 1, 야당 1

제4기 이후에는 조직 내부에서 여야 간 견제관계가 더욱 강화된다. 제3기에 부문 간 견제관계를 형성했다면, 제4기에는 부문 내 견제관계를 형성하였다. 제4기(2005. 2) 상임의장에는 배기선(열린우리당 국회의원)·김홍일(새천년민주당 국회의원)·김덕룡(한나라당 국회의원)이, 집행위원장에는 유기홍(열린우리당 국회의원)과 정병국(한나라당 국회의원)이, 정책위원장에는 최성(열린우리당 국회의원)과 원희룡(한나라당 국회의원)이 참여하였다.

제5기(2007. 3)에는 상임의장에 문희상(열린우리당 국회의원)과 정병국(한나라당 국회의원)이, 집행위원장에는 유기홍(열린우리당 국회의원)과 정문헌(한나라당 국회의원)이 참여하였다. 제5기에는 정책위원장에 정치인 출신 인사가 임명되지 않았다.

2007년 12월 대선 결과 정권교체가 이루어지면서 제6기에는 여당인 한나라당 소속 정치인이 대표 상임의장을 맡게 됨으로써 민화협 내의 역학관계는 정반대로 바뀌게 된다. 하지만 조직 내 견제관계는 그대로 유지된다. 김덕룡(전 한나라당 최고위원), 정병국(한나라당 국회의원), 문희상(민주당 국회의원)이 상임의장으로 참여하고 있으며, 원희룡(한나라당 국회의원)과 김진표(민주당 국회의원)가 공동의장으로, 권영진(한나라당 국회의원)과 유기홍(민주당 전 국회의원)이 집행위원장으로, 정옥임(한나라당 국회의원)과 문학진(민주당 국회의원)이 정책위원장으로 참여하고 있다.

제1기부터 제6기까지 임원진 구성의 변화를 살펴볼 때, 정권교체가 이루어진 후에는 대표 상임의장에 친여 인사가 선출됨을 알 수 있다. 문민정부에서 국민의 정부로 정권교체가 이루어진 1998년에 민화협의 초대 대표 상임의장에 친여 인사가 선출된 것과 마찬가지로 2007년 12월 대선 결과 정권교체가 이루어진 후 새롭게 출범한 제6기(2009. 3) 대표 상임의장에 또다시 친여 인사가 선출되었다. 대표 상임의장에 어떤 인사가 선출되느냐는 민화협 활동의 방향성을 규정짓는 데 중요한 지표로 작용한다.

한편, 민화협의 창설을 주도한 민족회의 소속 인사들이 요직을 맡으면서 민화협의 운영과 활동에 영향력을 행사하고 있다. 제1기 상임의장과 집행위원장을 이창복 민족회의 의장과 조성우 민족회의 집행위원장이 각각 맡았으며, 제2기 대표 상임의장과 집행위원장은 배다지 민족회의 상임의장과 조성우 민족회의 공동의장이 각각 맡았다. 제3기에는 조성우 민족회의 공동의장과 민족회의 출신의 이창복 새천년민주당 국회의원이 각각 상임의장에 선출되었다. 제4기 상임의장과 집행위원장에 조성우 민족회의 공동의장과 최교진 민족회의 집행위원장이 참여했으며, 제5기 상임의장과 공동의장에 전 민족회의 상임의장인 이창복과 조성우 민족회의 상임의장이 각각 활동하였다. 보수정당으로 정권교체가 이루어진 이후인 제6기 민화협에서도 민족회의 출신 인사들은 여전히 건재하여 이창복 전 민족회의 상임의장과 조성우 민족회의 상임의장이 각각 상임의장과 공동의장으로 활동하고 있다.

재정 측면에서 민화협은 공식적으로 회원의 회비와 후원기관의 후원금 또는 찬조금으로 재원을 마련하고 있다고 알려져 있다. 하지만 남북교류협력사업의 경우 상당 부분 정부의 남북협력기금으로부터 지원을 받고 있다. 정부와 상호 협력보완관계를 형성하고 있는 민화협의 경우 정부로부터 남북협력기금을 지원받는 것은 수월하다. 예를 들어 민화협은 2001년 6·15선언 2주년 기념 민족통일대축전행사에 4,700만 원을, 2002년 새해

맞이 남북공동모임과 8·15민족통일대회 북측 참가단의 남한 방문에 각각 4,300만 원과 3억 200만 원을 남북협력기금으로부터 지원받았다. 또 민화협은 2006년 남북협력기금으로부터 3,200만 원을 지원받아 남북공동나무심기 행사를 진행하였다.

(2) 북한과의 관계

민화협은 남한 정부와 상호 협력보완관계에 있지만 북한 정부와는 그렇지 못하다. 북한과의 관계에서 민화협은 민주평통과 같이 배제대상은 아니지만 민화협에 정당인들이 상당수 참여하고 있으며 남한 정부와 협력관계를 갖고 있다는 점에서 편안한 상대는 아니다. 그러나 민화협 창설을 주도한 인사들이 통일운동단체의 출신들이며 북한을 적대 또는 경계대상으로 인식하는 것이 아니라 협력대상으로 여기고 있다는 점에서 북한은 민화협을 남북교류협력의 파트너로 받아들이고 있다.

북한을 협력대상으로 인식하면서도 친북단체처럼 북한을 추종하지 않고 때로는 비판적 입장에 서기도 하며, 남북교류협력에서 남한 내에 주도권을 가지려 한다는 측면에서 민화협은 북한과 경쟁관계에 있다고 볼 수 있다. 예를 들어, 2007년 6·15평양공동행사에서 한나라당 의원을 주석단에 착석시키는 문제로 북한과 마찰을 일으켰던 사건은 민화협이 북한과 경쟁관계에 있음을 대표적으로 보여준 사례이다. 민화협은 6·15남측위원회와 달리 남북교류협력에서 남한 사회에 대부분의 재정을 의존하고 있으면서도 정책(아젠다)과 행사(의례)의 결정에서 주도권을 가지려는 북한에 비판적이며 때로는 마찰을 빚기도 한다. 남북교류협력에서 북한과 마찰이 발생할 때 6·15남측위원회가 대체로 북한의 입장을 수용하는 반면에, 민화협은 대체로 남한(정부)의 입장을 대변한다는 점에서 두 조직은 북한과의 파트너십 성격이 상반된다.

(3) 조직 내부의 관계

민화협의 조직 내부는 포섭적인 관계망을 형성하고 있다. 1998년 9월 창립 당시 참가한 194개의 단체들은 정치, 경제, 사회문화 등 우리 사회를 구성하는 모든 영역을 포괄할 뿐만 아니라 정치적 성향이 다른 진보단체와 보수단체로 구성되어 있다. 민화협에 가입한 단체를 살펴보면 정당 2곳, 통일운동단체 32곳, 시민사회단체 42곳, 종교단체 15곳, 경제단체 7곳, 문화·예술·체육 단체 11곳, 직능단체 29곳, 노동·농어민 단체 10곳, 여성단체 17곳, 의료·보건단체 5곳, 청년단체 7곳, 교육·학술·언론단체 15곳, 법조단체 2곳이다. 정당의 경우도 여야가 모두 참가하고 있으며, 시민단체의 경우 대한민국상이군경회와 자유총연맹 같은 전형적인 보수단체뿐만 아니라 새마을운동중앙회와 바르게살기운동중앙협의회 같은 대표적인 관변단체가 가입되어 있으며, 경제정의실천시민연합과 환경운동연합 같은 진보적인 시민단체들도 참여하고 있다. 또한 교육 분야에서는 한국교원단체총연합회와 전국교직원노동조합처럼 상반된 정치적 성향

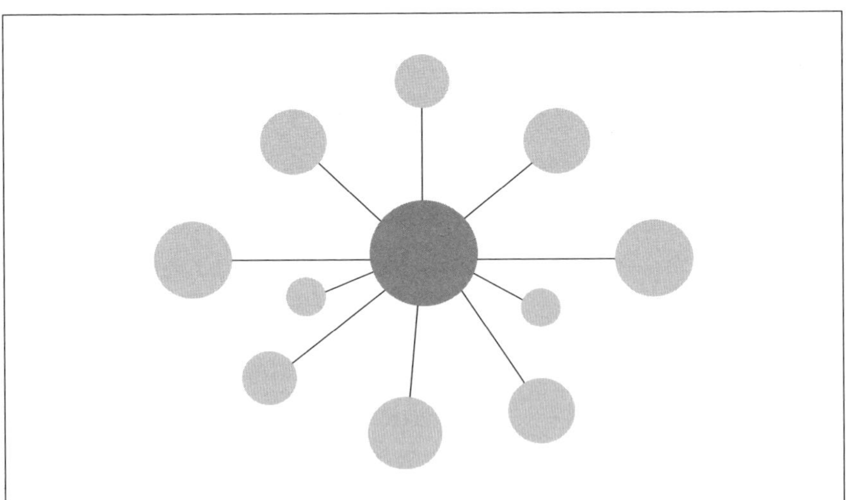

그림 4-2 민화협의 조직 내부 관계: 망라형

의 단체가 동시에 가입되어 있으며, 법조 분야에서도 마찬가지로 대한변호사협회와 민주사회를 위한 변호사 모임이 동시에 가입되어 있다. 이처럼 민화협은 참여단체들의 스펙트럼이 영역, 분야, 정치적·이념적 성향에서 매우 다양하고 외연이 포괄적이다.

하지만 200여 개에 달하는 참가단체들 간의 관계가 밀접한 것은 아니다. 통일 영역에서의 '남남대화'라는 취지에 충실하기 위해 조직의 외형은 매우 넓고 포괄적이지만, 중앙조직이 조직의 운영을 주도하다 보니 내부조직들 간의 네트워크는 중앙조직을 중심으로 한 망라형 조직의 특성을 나타내고 있다(그림 4-2 참조). 정책(아젠다)·재정·서비스 공급 모든 면에서 참가단체들은 중앙조직에 대한 의존도가 높으며, 반대로 참가단체의 자율성은 매우 낮다고 볼 수 있다.

3) 대북협력민간단체협의회

(1) 남한 정부와의 관계

대북지원 민간단체의 활동은 정부의 대북정책 방향에 영향을 받게 되는데, 이는 곧 정부와 어떠한 관계를 형성하느냐에 따라 사업추진의 환경이 달라질 수밖에 없음을 의미한다. 또한 정부와의 관계 설정에 따라 대북지원 민간단체 간의 관계도 변화하는데, 이는 정부의 권한이 위임, 분배되는 과정에서 협의체 내부의 다양한 행위자들 간 이해관계가 상충되기 때문이다. 이하에서는 이러한 문제의식을 바탕으로 '대북협력민간단체협의회'(이하 북민협)와 정부의 관계 변화를 살펴본다.

제3장에서 살펴본 바와 같이, 대북지원 민간단체 간 협의체로서 북민협의 역할과 기능이 확대되기 위해서는 무엇보다 개별 대북지원 민간단체를 조정·관리·통합할 수 있는 권한이 필요하다. 정부와 북민협의 관계는 상호 권력자원의 분배 여부에 따라 협력관계와 갈등관계를 반복했다고 볼

수 있다. 먼저 정부가 가진 권력자원은 대북협력사업자 승인을 통해 방북과 북한 주민 접촉에 관한 권한을 행사할 수 있다는 점이다. 즉, 인적·물적 왕래가 제약이 있는 남북관계의 특성상 대북지원 민간단체의 모든 지원활동은 정부의 승인을 받게 되어 있는데, 이러한 정부의 승인 여부는 정부의 대북정책 방향에 따라 달라졌으며, 이를 두고 북민협과 협력 및 갈등 관계가 형성되었다. 가령, 북한의 핵실험이나 미사일 발사 등의 정치·안보 사안이 발생할 경우, 정부는 방북을 불허하거나 반출입 물자를 제한하는 정책적 조치를 취하였다. 이에 대해 북민협은 인도적 차원에서 시행되는 대북지원을 정치적 사안과 연계하는 것은 문제가 있다는 입장으로 상호 갈등을 겪기도 했다.

다른 한편으로, 정부와 북민협의 관계는 정부가 대북정책의 큰 틀에서 대북지원과 관련한 일련의 정책적 조치를 어떻게 시행하느냐에 따라 그 성격이 달라졌다고 볼 수 있다. 표 4-2에서 알 수 있는 바와 같이, 지난 10년간 정부의 대북지원에 대한 입장은 '더 넓은 교류와 많은 접촉'이라는 방

표 4-2 김대중 · 노무현 정부 시기의 대북지원 관련 정책적 조치

시기		정책적 조치
김대중 정 부	1998. 3. 18	- 민간 차원의 대북지원 활성화 조치: 민간단체의 모금활동과 방북 허용
	1999. 2. 10	- 창구다원화 조치: 대북지원 민간단체의 독자 창구 허용
	1999. 10. 21	- 민간교류 협력촉진책: 정부의 남북협력기금 민간단체 지원
	2001. 2. 29	- 북민협 결성: 민간단체들 간 협력적 유기체 형성
노무현 정 부	2004. 9. 1	- 대북지원민관정책협의회(민관협) 결성
	2005. 3. 8	- 대북지원사업자 지정요건 완화
	2005. 7.	- 민관정책협의에 따른 대북합동사업 지원
	2006. 7. 8	- 북한 미사일 발사에 대한 대응조치로 인도적 대북지원 중단
	2007. 1. 12	- 통일부와 대한적십자사의 MOU 체결

향에서 알 수 있듯이 대북지원에 적극적인 입장을 보였으며, 더불어 정부의 역할을 대신하는 민간단체의 활동을 지원하기 위한 다양한 정책적 조치를 취한 것을 볼 수 있다.

정부의 대북지원 관련 정책적 조치의 순서에 따라 정부와 북민협의 관계를 살펴보면 다음과 같다. 먼저, 1999년 2월 정부는 대북지원 창구의 다원화 조치를 취함으로써, 대북지원 활성화를 위한 민간의 요청을 수용하였다. 민간의 독자 창구는 사전 지정 방식이 아니라, 각 단체가 대북지원을 위해 반출 승인 신청을 할 경우 준법성, 전문성, 분배투명성 확보 노력 등 허용기준에 따라 개별 검토하여 대한적십자사 이외의 독자적인 대북지원 창구로 허용하는 방식이었다. 그런데 정부의 창구다원화 조치로 인해 민간 대북지원에 대한 정부의 규제가 사실상 폐지됨으로써 관련 민간단체들이 정부정책에 우호적인 태도를 갖게 되었으며, 이를 통해 정부의 대북정책 일반에 대한 국민의 지지를 확산시키는 효과를 가져왔다.[3]

이전까지 정부의 대북지원창구 단일화 방침과 민간단체에 대한 활동 규제로 인해 대북지원 민간단체는 자체적으로 모금한 물자를 직접 북한에 전달하는 어떠한 접촉도 허용되지 않았으나, 창구다원화 조치가 취해짐으로써 대북지원 협의 및 모니터링 목적으로 방북할 수 있게 되었다. 그런데 이 조치 역시 그동안 대북지원 창구의 다원화를 통해 직접 지원하는 방식을 희망했던 민간단체의 요구[4]는 정부가 수용하지 않음으로써 정부와 민

---

3 대북협력민간단체협의회·대북지원민관정책협의회 편, 『대북지원 10년 백서』(도서출판 늘품, 2006), pp. 54-55.

4 민간단체는 대한적십자사로의 창구단일화하에서 지정기탁을 허용해 줄 것을 정부에 요청하였다. 1997년 7월에는 민간단체들이 '민족화해를 위한 100만 인 서명운동 및 평화행진'을 전개하면서 정부 차원의 대량지원, 기업과 언론의 모금참여 허용, 대북지원 창구다원화, 민간교류 허용을 정부에 촉구하였다. 8월에는 인도적 대북지원을 호소하는 각계 대표 348명(국회의원 70명)의 발기인과 해외동포 2만 명을 포함한 108권의 서명부를 정부에 전달하였다. 대북협력민간단체협의회·대북지원민관정책협의회 편, 『대북지원 10년 백서』, p. 47.

간단체의 갈등이 완전히 해소된 것은 아니었다. 정부는 대한적십자사로 대북지원 창구를 단일화하면 북한과의 연락 통로를 확보할 수 있고, 물류비용을 절약할 뿐만 아니라 분배투명성의 제도적 장치를 마련할 수 있는 등 여러 가지 장점이 있다고 판단하였다. 이에 반해 정부의 적극적인 활성화 조치를 기대했던 민간단체들은 창구일원화 유지에 대해 강한 불만을 제기하였다. 민간단체들은 대한적십자사로 창구를 단일화하는 것은 민간단체의 의견수렴과 상호 협의 없이 정치적 이해에 기초한 정부의 일방통행에 따른 조치라고 비난하면서, 대한적십자사가 내세우는 분배투명성 확보와 구호활동의 전문성이 의심스러우며 협상 등을 해야 하므로 적시적소에 지원하는 것이 어렵다는 점을 문제점으로 지적하였다.[5]

이후 대북지원 창구다원화를 둘러싼 정부와 민간의 의견대립 속에서, 민간단체는 사회적 여론 확산을 통해 지속적으로 창구다원화를 요청하였고 결국 정부는 민간단체의 요청과 남북관계 상황 등을 고려하여 '대북지원 창구다원화' 조치를 발표하였다(1999. 2. 10). 창구다원화 조치는 이전부터 대북지원 민간단체가 지속적으로 정부에 요청하고 정부가 이를 수용함으로써 대북지원 민간단체와 협력관계를 형성할 수 있었다고 볼 수 있다. 이 시기는 아직 북민협이 결성되기 이전이지만, 대북지원 민간단체가 기자회견이나 성명서를 통해 지속적으로 정부에 창구다원화를 요구하고 이를 정부가 수용했다는 점에서 협력관계가 형성되는 시기였다고 평가할 수 있다.

이후 2000년부터 민간단체의 대북지원사업을 활성화하기 위해 정부가 남북협력기금을 지원하기 시작했고 이는 지속적으로 확대되었다. 정부의 재정적 지원이 이루어졌다는 것은 그만큼 정부와 민간단체 간의 연계망이 확대되었음을 의미한다. 정부가 협력기금을 지원한 이래로 해마다 지원금

---

5 이금순, 「대북 인도적 지원의 성과와 한계」, 『사회과학연구』 제27권 1호(2001), p. 22.

액과 사업 수는 증가했는데, 이는 곧 정부와 북민협이 갈등관계보다는 협력관계로 이루어졌다고 평가할 수 있는 사례이다. 구체적으로 2000년 7개 단체(7개 사업)에 33.8억 원을 지원하던 것이 해마다 증가하여 2001년 12개 단체(15개 사업)에 38.4억 원, 2002년 14개 단체(18개 사업)에 54.5억 원, 2003년 16개 단체(16개 사업)에 75.3억 원, 2004년 23개 단체(23개 사업)에 88.7억 원 등 5년 동안 290억 원을 지원하였다. 이후 2006년과 2007년에는 42개 단체(44개 사업)에 117억 원을 지원하였다. 물론 남북관계의 특성상 남북 간 대화단절로 인해 대북지원 민간단체의 지원활동에 대한 정부의 제약이 있기는 했지만, 전반적으로는 정부가 대북지원 민간단체를 정책추진 파트너로 인정함에 따라 협력적 관계가 지속되었다고 평가할 수 있다.

한편, 정부와 북민협 간의 갈등은 민·관 합동사업 추진방식에 대한 입장 차이에서 비롯되었다. 합동사업을 추진하는 과정에서 정부는 대북지원 민간단체에 대해 재정적 지원을 하고, 대북지원 민간단체는 실제 사업을 추진하는 주체로서 북한과 직접 접촉하는 역할을 수행하였다. 문제는 대북지원 민간단체가 정부에 제출한 당초 사업계획과 달리 협상 과정에서 북한의 요구에 의해 사업계획이 변경되었는데, 변경안에 대한 수용 여부를 두고 정부와 갈등을 겪기도 했다는 점이다. 대북지원 민간단체는 북한이라는 특수한 상대를 사업 파트너로 하기 때문에 사업추진 과정에서 기존의 사업계획서를 변경하는 것이 불가피하다는 입장을 보였다. 이에 따라 당초 계획한 사업이 변경되거나, 사업성과가 목표를 일부 달성하지 못하는 경우가 있다 하더라도 정부가 이러한 한계를 일정 부분 인정해야 한다는 입장이었다.

하지만 대북지원 민간단체의 이러한 주장에 대해 협력기금을 지원하는 정부로서는 예산의 효율적 집행과 투명성 차원에서 민간단체의 사업운영 실태를 점검하고, 당초 제시한 계획안과 결과를 비교할 수밖에 없다는 입장이었다. 이 과정에서 정부는 민간단체에게 사업결과 보고서에 대한 실증적 사례, 사업계획에 대한 보완 요청 등 사업의 실질적 성과를 확인할 수 있는 구체적인 자료와 검증을 요구하였다. 이러한 정부의 요청에 대해 민간단체는 정부가 현장성을 고려하지 않은 무리한 요구라는 입장을 보였다. 민간단체 입장에서는 정부가 민간단체의 사업을 지원하거나 협력하기 위한 차원에서 접근하기보다, 감시와 통제의 대상으로서 인식하고 있다는 불만을 제기하였다.

이상의 논의를 종합할 때, 정부와 북민협의 관계는 권력자원의 교환관계에 따라 성격이 규정된다고 볼 수 있다. 여기서 권력자원의 교환관계란 제도와 예산으로 집약할 수 있다. 정부가 대북지원 확대라는 큰 틀에서 지정사업자 승인 기준을 완화하고 기금지원 예산을 투입할 경우 정부와 북민협은 강한 협력관계를 유지하였다. 무엇보다 정부와 북민협이 공동사업과 제도적 차원에서 민관협을 결성하는 등 강한 협력관계가 형성되었다. 반면에 정부의 재정투입이 중단되거나, 정부가 대북지원 민간단체의 활동을 정치적 사안과 연계할 경우 두 행위자 간에는 강한 갈등이 형성되었다. 결국 정부와 북민협 간의 협력과 갈등 정도는 정부의 정책적 조치와 협력기금의 지원 여부에 따라 달라졌다. 따라서 정부와 북민협의 관계에서 거버넌스 동학은 재정과 정책 변경이 주요한 요인이었다고 볼 수 있다.

(2) 협의체 내부 관계

① 북민협 내부 단체 간 갈등과 주요 쟁점

북민협은 2012년 2월 현재 48개의 개별 단체로 구성된 하나의 협의체이지만, 각 이슈에 대해서는 단체별로 다양한 입장 차이가 있다. 이는 개별 단체의 설립 목적과 조직목표, 활동방향이 각기 다르기 때문이다. 북민협을 구성하는 단체들은 설립 목적에 따라 통일운동단체, 종교단체, 해외지원사업단체 등으로 나눌 수 있다. 이들 단체들은 모두 설립 목적과 활동 유형, 역량이 다르기 때문에 북민협 내부에서는 단체 간 입장 차이를 둘러싼 갈등이 나타난다. 또한 북한에 대한 인식도 다양하여 북민협 개편, 정부와의 관계설정 등 주요 현안에 따라 다양한 입장 차이를 보인다. 이하에서는 북민협 내부의 상호관계를 살펴보기 위해 먼저 북민협 내부에 어떠한 쟁점들이 있는지 살펴본다.

• 단체별 설립취지와 배경의 차이

대북지원 민간단체가 표면적으로 제시하고 있는 목적과 달리, 실질적으로 각 단체와 기관들 사이에는 다양한 입장이 존재하며 이로 인해 민간단체 내부에서 갈등이 나타나기도 한다. 이 같은 갈등의 원인으로는 민간단체의 설립취지와 배경이 각기 다르다는 점을 들 수 있다. 대북지원 민간단체를 설립배경에 따라 크게 구분하면 표 4-3에서 보는 바와 같이 시민사회운동 기반, 복지활동 기반, 종교활동 기반, 지방자치단체 지원 단체 등으로 분류할 수 있다.[6] 이들 단체 및 기관들은 북한의 인도적 상황 개선이라는 목적에는 모두 공감하지만, 그 이면의 실질적인 목적은 각기 달라서 지원방식 및 정부와의 관계설정에서도 뚜렷한 차이를 보이고 있다. 예를 들어, 시민사회운동에 기반을 둔 단체들은 대북지원사업뿐만 아니라 대북·통일정책과 관련한 정책제안활동을 통해 정부의 대북정책을 견제·감시하는 역할까지 수행해야 한다는 의견이다. 단순히 대북지원정책과 관련한 이슈 제기나 의제 설정, 정책집행 부분에만 제한적으로 참여할 것이 아니라, 대북정책 추진 전반에 대해 민간단체로서 비판적 기능을 수행해야 한다는 것이다. 반면 종교활동에 기반을 둔 단체의 경우 선교의 목적을 이면에 담고 있으며, 지방자치단체로부터 지원을 받는 단체의 경우는 자체 역

---

6 국내 대북지원 민간단체의 세부 분류에 대한 상세한 논의는 다음을 참조할 것. 이종무·최대석, 「동북아 대북지원NGO의 현황과 교류협력 실태」, 『동북아 NGO 연구총서』(통일연구원, 2005), p. 181.

표 4-3 대북지원 민간단체의 정책목표

설립배경	표면적 목표	실질적 목표
시민사회운동 기반	구호 및 개발사업을 전개하고, 교류협력 과정을 통해 남북 화해와 통일, 한반도 평화 정착에 기여	대북·통일정책 제안, 정부의 대북정책을 견제·감시
복지활동 기반		기관 및 단체의 위상 강화
종교활동 기반		교류협력을 통한 북한 선교 기반 마련
지방자치단체 지원		지자체의 역량 강화, 단체장의 업적

량 강화 및 단체장의 업적을 과시하기 위한 목적을 가지고 있다.[7]

• 북민협의 역할과 기능에 대한 입장 차이

대북지원 민간단체들은 북민협이 당초 설립 목적에 부합하지 못하고 단순협의체로 전락했다는 문제점을 인식하고 개편이 필요하다는 데는 전반적으로 인식을 같이한다. 하지만 구체적인 개편방안에 대해서는 회원단체들의 의견이 서로 엇갈려 합일점을 찾기가 쉽지 않은 상황이다. 현재 북민협 개편에 대한 회원단체 간의 주요 쟁점은 사무국 운영에 관한 문제라 할 수 있다.[8]

북민협 사무국 개편에 관해서는 회원단체의 유형과 규모에 따라 입장이 명확하게 구분된다. 먼저 단체 유형에 따른 입장 차이를 살펴보면, 시민사회운동 단체와 일반 복지사업 단체 간에 차이가 명확히 구분된다. 시민사회운동에 기반을 둔 단체들은 대북지원사업뿐만 아니라 대북·통일정책과 관련한 정책제안활동을 통해 정부의 대북정책을 견제·감시하는 역할까지 수행해야 한다는 의견이다. 단순히 대북지원정책과 관련한 이슈 제기나 의제 설정, 정책집행 부분에만 제한적으로 참여할 것이 아니라, 대북정책

7 강동완·양현모, 「대북 인도적 지원사업의 민관협력체계 개선방안」, 『정책연구』 통권 161호(2009), pp. 152-153.

8 강동완·양현모, 「대북 인도적 지원사업의 민관협력체계 개선방안」, pp. 168-169.

추진 전반에 대해 NGO로서의 비판적 기능을 수행해야 한다는 것이다. 이 같은 인식에서 북민협 개편의 구체적인 방안으로서, 북민협을 법인화하고 사무국(처)의 기능을 강화하자는 주장을 펼치고 있다. 특히 북민협 사무국의 기능을 강화하여 여러 회원단체들의 의견을 조정·조율할 수 있는 법적·제도적 권위를 확보해야 한다는 것이다. 한마디로 정부와 정책을 조율하는 과정에서 대북지원 민간단체의 입장을 하나로 결합하여 정부와의 접촉 창구를 북민협 사무국으로 일원화해야 한다는 입장이다.

이와는 반대로 일반 복지단체나 사회복지기관 성격의 회원단체는 정부와의 관계에 협력적 입장을 보이고 있다. 대북지원 민간단체가 정부로부터 남북협력기금을 지원받기 때문에, 굳이 정부의 대북정책 전반에까지 관여하여 불필요한 논쟁을 할 필요가 없다는 것이다. 이들 단체들은 정책 기능 강화에 대한 인식이 미흡하며 정책제안활동 자체에 대해서도 부정적인 입장을 보이고 있다. 한마디로 이들 단체들은 북민협이 정부와 정보를 공유할 수 있는 창구 역할 정도의 제한적 역할만 수행하면 된다는 입장이다.

다음으로 북민협 내부의 회원단체 간 규모의 차이로 구분할 때, 소위 대형 단체와 중·소형 단체[9] 간에도 입장 차이가 있다. 중·소형 단체의 경우 현재도 북민협이 대형 단체 중심으로 운영되는데, 만약 북민협의 기능이 강화된다면 이러한 현상은 더욱 커질 것이라는 우려를 표출하고 있다. 또한 북민협의 기능 강화가 중·소형 단체에게는 실질적인 이익이 되지 않는다는 입장이다. 만약 북민협 사무국의 기능이 현재보다 강화되면 북한과 접촉하는 카운터파트의 역할을 독점하면서 대북지원 접촉창구가 단일화될 수도 있다는 우려를 제기한다. 즉, 북민협이 독자적 창구를 가지고 정부의 협력기금 지원을 통해 대북지원사업을 추진할 경우 중·소형 단체들

9 북민협 회원 단체 가운데 대형 단체와 중·소형 단체를 구분하는 명확한 기준은 없다. 다만, 기관의 설립 역사, 재정규모, 인력 등을 고려하여 단체의 크기를 가늠해 볼 수 있는 정도다.

간의 내부 경쟁이 가열될 수 있다는 입장이다. 정부의 협력기금 지원은 한정되어 있는데, 개별 단체들에게 지원되어야 할 예산이 북민협에 지원되면 그만큼 지원의 폭이 줄어들 수 있다는 우려이다.

실제로 정부의 협력기금 지원에 따른 분배 과정에서 과당경쟁이 발생하기도 한다. 정부가 민간단체의 대북지원활동에 지원하는 총예산은 연간 200억 정도인데, 이는 북민협 소속의 약 50여 개 단체의 상호 경쟁에 의해 배분된다고 할 수 있다. 결국 한정된 예산을 두고 단체가 상호 경쟁하는 형국이기 때문에 과당경쟁이 발생하고, 그룹별 및 단체 간 이견이 발생할 수밖에 없다.

• 정부와의 관계설정에 대한 인식 차이

북민협의 운영은 회장단체에 의해 그 성격과 방향이 결정된다고 볼 수 있다. 즉, 회장단체가 정부에 대해 어떠한 인식을 가지고 관계설정을 하느냐에 따라 북민협의 활동범위가 결정된다. 가령, 기아대책기구나 그 이전에 회장 단체였던 남북나눔, 월드비전과 같은 복지단체들은 국내에서 복지관을 운영하고 있기 때문에 상대적으로 정부와의 협력관계를 우선시한다. 복지관을 운영하면서 타 부처의 예산지원도 받아야 하는데, 만약 정부와 갈등관계를 형성할 경우 불필요한 피해를 받을 수 있다는 인식 때문이다. 이들 단체들은 국내적으로 정치적·사회적 이슈에 대한 애드보커시(advocacy) 역할에 대해서는 소극적이며 이러한 활동에 대해서는 다소 부정적인 입장을 보이고 있다. 따라서 정부의 정책을 가급적 수용하는 입장을 보이고 있다. 이와 달리 시민운동에 기반을 두고 있는 단체와 일부 종교단체의 경우 정부 정책에 대해서 적극적으로 비판하고 견제해야 한다는 입장을 보이고 있다. 즉, 적극적인 애드보커시 활동을 통해 시민사회로서의 비판과 감시, 견제 역할에 충실해야 한다는 입장이다.

아울러 북민협 내부의 직능단체 같은 경우에도 다양한 입장을 보이고 있다. 예를 들어 대한의사협회를 비롯하여 상당히 규모가 큰 직능단체들의 경우 정부와 갈등 및 대립관계를 형성할 필요는 없다는 인식이다. 이에 비해 시민운동 성격의 직능단체들은 적극적으로 대정부 발언을 하는 등 정부와의 관계에서 차이를 보이고 있다.

정부와의 관계설정에 따라 북민협의 기능과 위상이 달라진 사례로는 지난 2006년 북한의 수해 발생에 대한 지원 문제를 둘러싸고 북민협 내부에서 회원단체 간 이해관계가 첨예하게 대립되어 나타난 것을 들 수 있다. 당시 북한의 미사일 발사로 인해 정부의 인도적 대북지원이 중단되고 국내외적으로 대북인식이 악화된 상황에서, 북한에서 대규모 수해가 발생하였다. 그런데 정부의 지원이 중단되고 여론이 악화되자 정부와의 불필요한 관계 악화를 우려하여 북민협 차원에서 대북수해지원을 적극적으로 정부에 요청하지 않았다. 북민협이 인도적 차원의 지원에 대해서도 정부의 정책 변화를 촉구하지 않자, 오히려 민화협이 중심이 되어 북한 수재 지원활동을 펼치게 되었다. 이에 대해 당시 북민협 내부에서는 대북지원 민간단체들의 대표성을 갖는 북민협이 소위 인도적 문제인 북한 수해지원에 대해 단체 간 의견조율을 제대로 이루어내지 못하고, 인도적 지원 활동을 수행하지 못한 점을 둘러싸고 내부적으로 갈등이 발생하였다. 결국 북민협 회원단체 간의 입장 차이로 인해 북한의 수해지원에 어떠한 역할도 수행하지 못하면서 북민협의 위상과 기능이 크게 저하되었다고 볼 수 있다.

• 회장단체의 역할에 따른 북민협의 활동 방향 변화

북민협 내부에서는 북민협의 존재가 과연 필요한가라는 회의적인 입장이 있는 반면, 또 한편에서는 적극적으로 대북지원 민간단체의 대표성을 갖고 그 위상과 역할이 더욱 강화되어야 한다는 주장이 있다. 이러한 입장이 상존하는 가운데, 북민협의 위상과 활동 방향은 당해 회장단체의 입장과 역량에 따라서 결정된다고 볼 수 있다. 즉, 정부에 대한 회장단체의 입장과 정세인식에 따라 북민협의 활동영역이 결정되는 것이다. 가령, 북한에 급박한 식량위기나 수해가 발생했는데 정부 차원의 지원이 소극적으로 이루어질 경우, 회장단체가 이에 대해 어떻게 인식하느냐에 따라 북민협의 활동 방향이 달라진다. 만약 회장단체가 적극적으로 정부정책의 변화와 대국민 여론 조성을 위해 북민협 명의로 기자회견을 열거나 성명서를 내야 한다는 인식이 있다면 긴급 상임위원회를 소집하여 이 문제를 긴급히 논의한다. 회장단체가 회의자료를 작성하고 회원단체들에게 동의를 구하면 대부분 이에 대해 지지하는 입장을 보이며 북민협의 활동이 적극적으로 이루어질 수 있다. 이에 반해 회장단체가 이 사안에 대해 긴박하게 인식하지 않으면, 긴급 상임위원회를 소집하지 않고 다음 정기 상임위원회가 개최될 때까지 기다리게 된다. 또한 상임위원회 때 의제 순서를 어떻게 정하느냐에 따라서 사안의 중요성이 달라지는데, 회장단체가 북한의 식량지원에 대해 소극적인 입장을 견지할 경우, 이 같은 사안은 논의 순서에서 후순위로 밀리기도 한다.

지금까지 북민협의 회의 진행 성격으로 볼 때 회장단체가 어떠한 사업을 추진하고자 할 때, 소속 회원단체들이 크게 반발하거나 반대하는 입장을 보이지는 않았다. 따라서 회장단체가 주도적으로 어떠한 사업을 추진하면 그것이 곧 북민협의 활동 방향이 된다고 볼 수 있다. 이는 곧 북민협 회장단체의 성향과 성격에 따라 북민협의 대외적 활동이 크게 영향을 받는다는 것을 의미한다.

문제는 이처럼 회장단체의 역할이 대단히 중요함에도 불구하고, 회장단체를 수행할 수 있는 단체가 소수에 불과하다는 점이다. 회장단체를 수행하기 위해서는 북민협 사무국의 업무를 겸임해야 하는데, 전임인력이 2~3명인 경우 자신들 단체의 업무만을 감당하기에도 어려움이 있기 때문이다. 따라서 일정 규모 이상의 인력이나 재정적 역량, 사회적 지명도 등이 갖추어진 단체가 아니면 회장단체의 역할을 수행하는 데 한계가 있다. 또한 이 같은 역량을 보유했다 하더라도 해당 단체의 대표가 북민협 회장단체 선임을 고사하거나, 이념적 성향으로 인해 다른 단체들이 반대하는 경우 등으로 인해 실제로 회장단체로 선임될 수 있는 단체는 매우 제한적이다.

② 협의체 내부의 네트워크 구조

앞서 논의한 주요 이슈와 쟁점, 회원단체의 수와 역량 변화에 따라 북민협 내부의 네트워크 구조는 변화한다. 이하에서는 북민협 설립의 모태가 된 단체활동 시기부터 현재에 이르기까지 북민협 내부 변화에 따른 네트워크 구조를 살펴본다. 한 가지 언급할 것은, 북민협 회원단체의 가입 시기가 모두 다르며, 개별 단체의 역량을 객관적으로 평가하는 것은 논쟁의 여지가 있다는 것이다. 그럼에도 단체의 규모나 설립 연도, 자금동원능력, 회원단체 간 리더십, 활동경력 등에 따라 개별 단체의 구분 및 평가가 어느 정도 가능하다고 본다.

• 북민협 결성 이전 시기(1998~2000)

대북지원 민간단체들의 영향력이 확대되던 1990년대 후반 민간단체의 대북지원활동은 크게 두 부류로 나눌 수 있다. 그 하나는 1996년 6월 천주교·불교·개신교·원불교·천도교·유교 등 6대 종단과 시민단체 지도자가 중심이 되어 결성된 '우리민족서로돕기운동'이 추진한 북한동포돕기 범국민캠페인이고, 다른 하나는 노동·청년·여성·지역 등 진보적 사회운동이 결집해서 1997년 4월에 설립한 '겨레사랑 북녘동포돕기 범국민운동'이 벌인 모금 캠페인이다. 전자가 벌인 '옥수수보내기 캠페인'이나, 후자에 소속된 단체들이 지역별·부문별로 벌인 '북한동포를 위한 하루 한 끼 굶기 운동'은 당시 대북지원 여론을 형성하는 등 큰 성과를 거둔 것으로 평가할 수 있다.[10]

이 시기에 우리민족서로돕기운동과 겨레사랑 북녘동포돕기 범국민운동이 양대 축으로 국내에서 캠페인 활동을 벌이기는 했지만, 북민협이 결성되기 이전으로서 대북지원 민간단체 간에 네트워크가 형성되었다고 보기는 어렵다. 또한 이들의 대북지원활동과 더불어 북민협의 모태가 된 10여 개 단체의 모임이 구성되기는 했지만, 이는 느슨한 연계구조로서 엄격히 말해 네트워크 형성기로 규정하기에는 다소 무리가 있다. 또한 정부의 창구다원화 조치로 인해 민간단체의 독자적 활동이 가능해짐에 따라 대북지원사업에 참여하려는 단체들이 개별적으로 설립되는 시기였다.

• 북민협 결성 직후(2001~2002): 원자화·파편화 구조

북민협이 결성된 직후에는 대북지원활동에 대한 국내 여론을 주도하며 역량이 강화된 '우리민족서로돕기운동'과 '우리겨레하나되기운동본부'가 북민협을 주도하는 특징을 보였다. 이들 두 단체를 중심으로 대북지원활동이 이루어졌으며, 양극화되는 경향을 보였다. 하지만 이러한 양극화가 두 단체 간의 갈등이나 대립의 국면으로 나타난 것은 아니다. 다만, 북한이라는 특정한 상대를 대상으로 하기에 대북인식이나 사업추진방식, 정부와의 관계설정 등에 따른 입장 차이로 인해 상호 발전적 경쟁관계를 유지했다고 볼 수 있다. 아울러 이 두 단체에 각각 결합하는 중소 규모의 단체들이 연계되었고, 단체 간 연계망을 통해 상호 결합하는 형태를 띠게 된다.

한편, 이 두 기관을 중심으로 형성된 네트워크에 연계되지는 않았지만 북민협 내부에 또 다른 행위자가 나타났다. 이는 기존에 국내외 복지사업을 수행하던 NGO가 대북지원사업에 본격적으로 참여하게 되면서 나타난 결과이다. 이들 단체는 국내외 복지사업을 수행하던 NGO로서, 대북지원에 대한 국민적 관심이 확대됨에 따라 대북지원사업을 추진하며 북민협 내부에서 영향력을 확대하게 된다. 이같이 북민협 결성 직후에는 기존 단

---

10 통일노력60년 발간위원회 편, 『하늘길, 땅길, 바닷길 열어 통일로』(다해, 2005), p. 233.

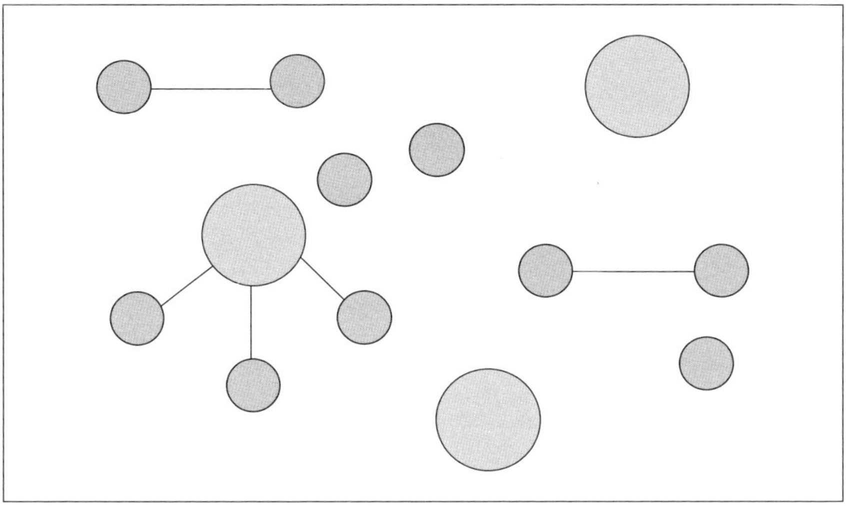

그림 4-3 원자화·파편화 구조

체들의 그룹과 이에 포함되지 않는 일부 단체들이 각기 산재하는 네트워크 구조를 보인다(그림 4-3 참조).

• 개별 단체별 활동 활성화 시기(2003~2005): 수레바퀴형 구조

앞서 북민협의 시기별 발전 과정에서 살펴보았듯이, 2004년 북한 용천역 폭발사고 지원 과정에서 북민협을 중심으로 대북지원 민간단체들이 하나로 결속되었다. 그동안 개별 단체별로 활동하며 파편화되어 있거나, 소수 대형 단체 중심으로 몇몇 단체들이 연계되어 있던 방식을 벗어나, 용천역 폭발사고 대응 과정에서 위상이 제고된 북민협이 허브(hub) 역할을 담당하고 이를 중심으로 개별 단체들이 결집되는 상호 연계망 형태를 띠게 된다(그림 4-4 참조).

아울러 정부의 협력기금 지원과 대북지원사업자 자격조건이 완화됨에 따라 다양한 민간단체들이 대북지원사업에 참여하게 된다. 이들 신생 단체들은 사업추진 과정에서 북한과의 협상 및 사업조건 등을 협의하는 노

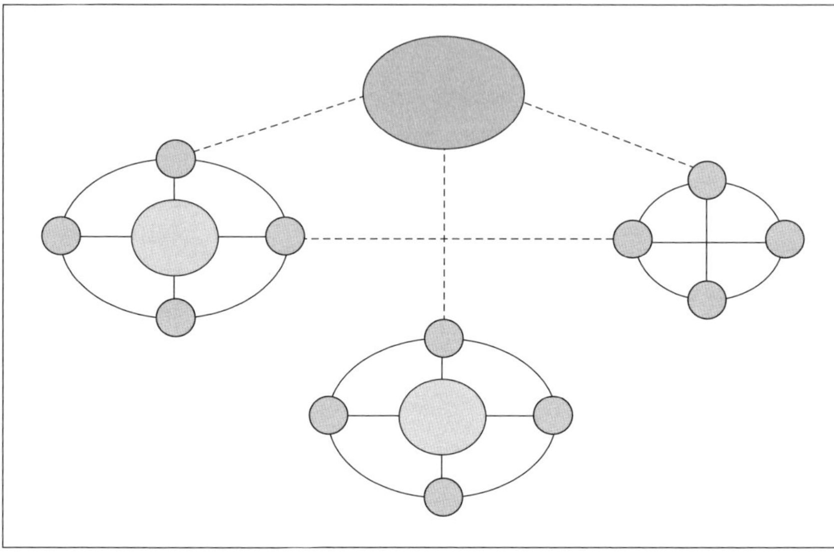

그림 4-4 수레바퀴형(연계형) 구조

하우를 기존 단체들의 경험으로부터 습득하기도 했다. 이러한 정보교류와 자원교환을 위한 연대는 대북지원 민간단체 상호 간의 연계가 더욱 강화되는 계기가 되었다. 즉, 대북지원 민간단체의 개별적 역량이 강화됨으로써 이전의 몇몇 대형 단체를 중심으로 연계되던 형태가 아닌, 개별 단체 상호 간의 연계 형태를 띠게 된다. 이러한 연계는 특별한 구심점의 역할을 하는 허브(hub) 단체가 존재하는 것이 아니라, 독자적인 단체나 그룹을 형성한 일부 단체들이 북민협이라는 틀 안에서 상호 연대를 모색하는 수준이라고 볼 수 있다.

- 정부 합동사업 추진과 개별 단체별 권력 분화(2006~2007): 네트워크 간 단절형 구조

이 시기에는 이전의 연계형 네트워크 구조를 통해 긴밀히 연계되던 북민협의 내부 구조가, 행위자별 이해관계 및 합동사업 추진방식에 대한 이

견 등에 따라 그룹별로 단절되는 분리형 네트워크의 특징을 보인다. 대북지원 민간단체는 지원활동과 국내 여론 형성 등의 역량이 점차 확대되는 가운데 정부와 합동사업을 추진하게 된다. 합동사업은 주관단체와 참여단체로 구분되는데, 참여단체의 경우 2~3개의 개별 민간단체가 컨소시엄을 구성한다. 이 과정에서 참여단체의 경우 상대적으로 여타의 단체에 비해 행정적·재정적 규모가 큰 단체들로서 북민협 내에서 영향력이 확대되는 양상을 보이게 된다.

이전 단계에서 북민협이 독자적인 사업을 시행하면서 대북지원 민간단체의 허브 역할을 수행했다면, 이 시기에는 북민협의 독자적 사업 추진에 대한 부정적 여론이 확산되면서, 북민협이 허브로서의 기능을 수행하는 데는 제약이 있었다. 이는 합동사업의 주관단체로 참여하는 기관들이 만약 북민협이 독자적 사업을 추진하게 될 경우 한정된 예산이 북민협으로 분산되는 것을 우려했기 때문이다. 즉, 합동사업의 주관단체들은 이미 2~3개 이상이 컨소시엄을 구성하고 그 컨소시엄을 운영하는 단체로 사업을 추진하기 때문에 북민협 명의의 사업을 별도로 추진할 필요가 없다는 입장을 보였다. 이로써 주관단체와 참여단체가 상호 연계망을 형성하는 여러 개의 컨소시엄이 형성되고, 이 외에 합동사업에 참여하지 않는 단체들은 개별 사업을 추진함으로써 상호 복잡한 네트워크 구조가 형성된다.

합동사업을 추진하면서 정부와 파트너십을 통한 민·관 협력이 이루어져야 하는데, 민간단체 내부에서 조율된 의견을 제시하지 못하고 개별 단체별로 사안에 대해 다른 입장을 보였다. 이는 민간단체 간 연대와 네트워크가 활성화되지 않았기 때문인데, 일부 단체의 경우이기는 하지만 대북사업의 주도권을 쥐려고 하는 경향이 나타나기도 했다.

무엇보다 대북지원 민간단체가 각각 전문적이고 독자적인 사업을 수행하기보다, 소위 백화점식 사업방식으로 정부가 공시하는 사업에 대해 각각의 단체에서 전문성을 기반으로 지원하는 것이 원칙이지만, 실제로 대

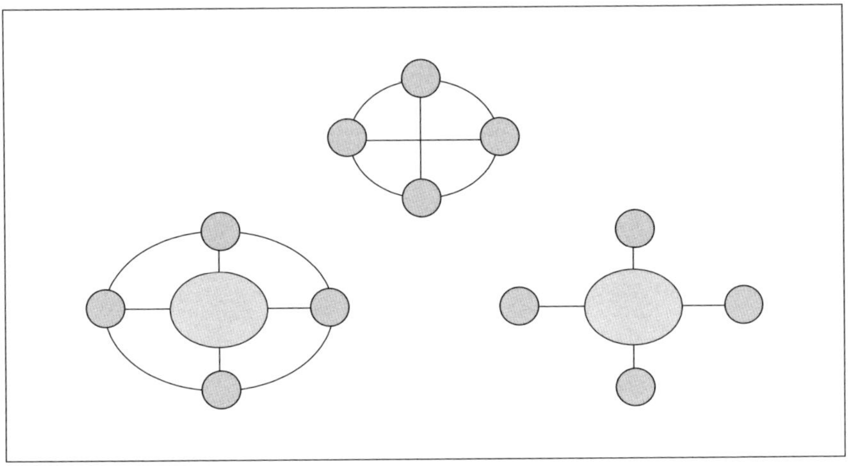

그림 4-5 네트워크 간 단절형 구조

북지원 민간단체가 자신들의 역량과는 관계없이 모든 사업에 참여할 수 있는 구조였다. 이로 인해 대북지원 민간단체 상호 간에 경쟁이 심화되는 양상을 보였다. 비록 대북지원 민간단체나 컨소시엄 간의 공격적인 경쟁은 아니라 하더라도, 단체후원이나 활동참여를 위한 경쟁이기 때문에 여러 대북지원 민간단체가 함께 어우러져 시너지 효과를 도출하는 것은 쉽지 않은 현실이었다.

결국 단체의 사업역량이나 규모가 큰 중·대형 단체가 합동사업의 주관단체로 기능하며, 이들 주관단체별로 3~4개의 참여단체가 컨소시엄을 이루면서 하나의 그룹이 형성되었고, 이러한 여러 개의 그룹이 상호 경쟁하는 구도를 형성하게 되었다. 컨소시엄을 구성한 주관단체의 경우 다른 그룹과의 협력보다는 경쟁구도 속에서 정부와의 관계설정이나 사업 시행방식에 이견을 나타냈으며, 이에 따라 그룹 간 네트워크가 상호 연계되지 못하고, 경쟁하며 갈등하는 네트워크 간 단절 형태를 보였다(그림 4-5 참조). 즉, 컨소시엄을 구성한 주관단체와 참여단체는 긴밀한 연계를 통해 네트워크를 형성했지만, 이러한 네트워크가 서로 연계되지 못하고 단절되는 구도가 형성된 것이다. 아울러 합동사업에 참여하지 못한 군소 단체들이 또 하나의 그룹을 형성하면서, 그룹 간의 이해관계가 첨예하게 대립되어 북민협은 회원단체의 의견을 종합적으로 수렴·조정하는 허브로서의 기능을 상실하게 되었다.

• 그룹별 및 정부와의 갈등기(2008~현재): 네트워크 간 연결형 구조

이 시기에는 북민협 회원단체 간에 권력분화 현상이 나타나면서 북민협 개편, 정부와의 관계설정 같은 쟁점을 둘러싸고 그룹별로 입장 차이가 현격하게 나타났다. 그런데 북민협 내부에서 이른바 허브 역할을 하는 상위 협의체가 존재하지 않음으로써 그룹별 이견을 조율하지 못하는 한계가 나타났다.

정부의 한정적인 지원예산을 둘러싼 단체 간 경쟁관계가 발생하고, 북민협 회장단체 선임에 대한 단체 간 경쟁이 심화되는 현상이 나타나기도 했다. 이러한 북민협 내부의 권력분화 현상과 함께, 정부와의 관계설정 문제를 둘러싼 그룹 간의 입장 차이로 인해 북민협 운영이 혼선을 겪게 되었다.

무엇보다 이명박 정부의 대북정책 기조 및 남북관계 조정기라는 인식에 따라 인도적 지원이 중단되었는데, 이러한 조치에 대해 북민협 내부에서 합의된 의견을 제시하지 못한 것이 문제가 되었다. 즉, 대북지원 중단에 대해 정책변화 제언 활동을 해야 한다는 입장과, 정부와 불필요한 갈등이나 대립관계를 형성할 필요가 없다는 입장, 그리고 양측 모두에 공감하지 않은 입장 등으로 협의체의 내부 관계가 복잡한 양상으로 전개되었다. 이러한 그룹 간의 갈등과 대립이 하나로 조율되지 못하면서 북민협은 사실상 그 기능을 제대로 발휘하지 못하는 한계를 드러냈다. 결국 그룹별 내부의 네트워크는 존재했지만, 이들 그룹 간의 연계 고리는 취약한 형태를 보였다.

이 같은 상황이 지속되다가 2009년 정기총회 이후 북민협 내부에서 북

민협의 위상과 역할을 재정립해야 한다는 공감대가 형성되기 시작하였다. 무엇보다 정부가 대북지원 민간단체에 대한 예산 지원을 중단하고 관련자들의 방북을 제한하는 등의 정책적 조치로 인해 대북지원활동이 심각한 타격을 받기 시작하면서, 이러한 정부 정책에 공동으로 대처해야 한다는 인식이 확대된 것이다. 정부의 대북지원 제한 조치로 인해 대북지원 민간단체의 활동이 위축되면서, 북민협 소속 단체 중 일부는 존폐 여부를 고려할 만큼 심각한 위기 상황을 맞기도 했다.

이러한 상황에서 정부에 대한 북민협 차원의 공동대응이 확산되면서, '정부 대 북민협'이라는 구도가 형성되었다. 정부의 대북지원 민간단체 방북 불허 조치와 인도적 지원 보류에 대해 북민협 명의의 공동성명 같은 애드보커시 활동을 통해 북민협을 중심으로 결속하는 양상을 보이게 된 것이다. 이는 무엇보다 북민협 내부에서도 그룹 간 갈등으로 인해 북민협의

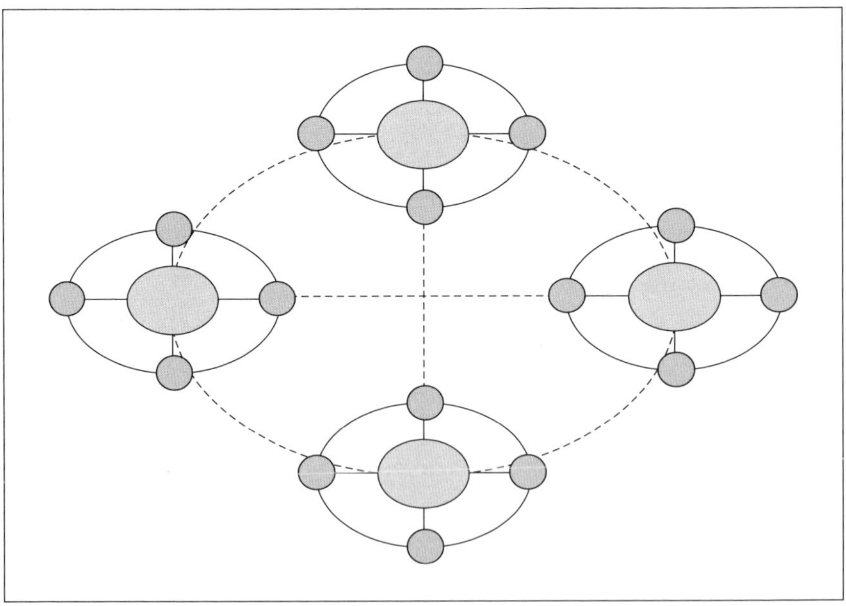

그림 4-6 네트워크 간 연결형 구조

표 4-4 시기별 북민협 내부 단체 간 네트워크의 특징과 형태

시기	특징	네트워크 형태
북민협 결성 이전 (1998~2000)	– 개별 단체별 활동 – 느슨한 연계	
북민협 결성 직후 (2001~2002)	– 북민협 결성 초기 단체들의 결속력이 약하고, 각기 활동하던 시기	원자화·파편화 구조
개별 단체 활동 활성화기 (2003~2005)	– 북민협 회장단체를 중심으로 결속하되, 개별 단체의 역량이 확대되는 시기	연계형 구조
개별 단체별 권력 분화기 (2006~2007)	– 합동사업 추진에 따라 주관기관과 참여기관으로 구분 – 주관기관의 영향력 확대	네트워크 간 단절형 구조
그룹별 및 정부와의 갈등기 (2008~현재)	– 정부 대 북민협 구조인 동시에 정부와의 관계 설정에 따른 그룹 간 입장 차이가 상존	네트워크 간 연결형 구조

역할이 유명무실화되는 것에 대한 자기성찰에서 나온 것으로, 정부의 대북지원정책에 따라 북민협에 소속된 대부분의 단체들이 활동에 타격을 받기 시작하면서 결속을 강화하는 모습을 보였다.

그런데 한 가지 주목할 점은 이 시기 북민협을 중심으로 한 내부결속 형태는 과거 용천역 폭발사고 때 형성된 단일 허브 중심의 네트워크 형태가 아니라, 그동안 자체 역량이 강화된 대형 단체들을 중심으로 형성된 네트워크 그룹이 상호 연계되는 형태를 보였다는 점이다(그림 4-6 참조). 즉, 정부의 정책 변화를 요구하면서 북민협 명의로 결속되기는 했지만, 여전히 정부와의 관계설정에 따른 그룹 간 이견이 상존함으로써 모든 행위자가 상호 협력적으로 연계되는 그물망형 네트워크가 형성되지는 않았다. 다시 말해 북민협이 허브로서 기능하며 모든 행위자가 동등한 수준에서 상호 연계된 형태가 아니라 여전히 그룹별 이견이 존재했기 때문에 그룹 간에 약한 고리로 연결되는 네트워크 간 연결형 구조였다고 평가할 수 있다.

지금까지 살펴본 북민협 내부의 시기별 네트워크 특징과 형태를 요약하면 표 4-4와 같다.

(3) 북한과의 관계

북민협과 북한의 관계를 살펴보면, 북한이 남한의 대북지원 민간단체로부터 지원을 받는 입장이었다는 점에서 전반적으로 상호 협력관계가 형성되었다고 볼 수 있다. 물론 대북지원 초기에는 북한이 협상 과정에서 타 단체를 비방하며 대북지원 민간단체 간 경쟁을 유발하는 등의 문제 때문에 북한과 갈등관계가 형성되기도 했다. 하지만 이러한 관계는 대북지원사업 초기에 발생한 경우로서, 당시 대북지원 민간단체의 사업 경험이나 북측과의 협상 경험 등이 다소 미숙했기 때문에 나타난 결과라고 할 수 있다.

북민협 결성 이후 북민협과 북한의 관계 분석에서 주목할 점은, 북민협의 회장단체가 사무국을 겸하고 있기 때문에 북민협과 북한의 관계는 실상 해당 연도의 북민협 회장단체에 따라 영향을 받는다는 점이다. 본 연구에서 논의하고 있는 4개의 협의체 중 북민협의 경우는 다른 협의체와 달리 별도의 사무국이나 전담인력이 존재하지 않는다. 또한 북민협 명의의 대북지원사업을 별도로 추진하는 것은 아니기 때문에 북민협과 북한의 관계 설정을 파악하기에는 한계가 있다.

무엇보다 북한으로서는 개별 단체와의 접촉을 확대하여 더 많은 지원을 받는 데에 관심이 있기 때문에, 북민협 자체의 예산이나 인력이 없는 점을 감안할 때 북한과 공식적인 관계를 형성하지는 않는다. 이에 본 연구에서는 합동사업 추진 과정에서 북한과 주관단체 간의 관계를 통해 북민협과 북한의 관계를 대략적으로 살펴본다.

앞서 언급한 바와 같이 정부 합동사업의 취지는 개별 민간단체들의 컨소시엄 구성을 통해 지원의 시너지 효과를 극대화한다는 것이다. 그런데 각각의 대북지원 민간단체는 북측 민화협의 파트너(담당 참사)와 대북지원사업을 논의한다. 따라서 합동사업의 주관단체는 자신들의 담당 파트너와 사업을 논의하게 되므로 결국 컨소시엄의 입장보다는 주관단체의 입장이 반영될 소지가 크다. 더욱이 주관단체와 접촉하는 북측 민화협의 참사는 개별 단체만 상대하기 때문에 컨소시엄을 인정하려 하지 않는다. 가령, 주관단체와 참여단체가 사업추진을 위해 공동으로 방북하더라도, 북측에서는 주관단체의 파트너(민화협 담당 참사)가 담당하기 때문에 남측의 참여단체를 인정하지 않거나 다른 민간단체의 방북 자체를 거부하는 경우도 있다.

한편, 개별 대북지원 민간단체들은 북한과 접촉하는 창구 및 인적대상이 모두 다르기 때문에 해당 연도의 북민협 회장단체에 따라 북측의 담당 카운터파트도 달라진다. 이에 따라 회장단체와 북한 당국의 관계가 북민협의 입장으로 대변되는 경우가 있다. 2004~2005년에 북민협 명의로 비닐지원사업을 추진했는데, 이때 북측의 카운터파트는 민화협이었다. 하지만 2006년에는 '남북나눔'이 회장단체로 선임되어 사업을 추진하게 되었는데, 이때 남북나눔의 카운터파트는 민화협이 아닌 민경련이었다. 따라서 북민협의 회장단체가 바뀜에 따라 북측의 카운터파트가 변경되고, 이는 곧 사업의 지속성을 이어가지 못하는 문제점이 되기도 했다.

이러한 문제에도 불구하고 북한과 대북지원 민간단체는 전반적으로 상호 협력관계를 유지하고 있는 것으로 평가할 수 있다. 그 근거로는 무엇보다 이명박 정부에 들어서 당국 간 대화가 중단되고 남북관계가 경색되는 상황에서도 북한 당국은 민간 부분, 특히 대북지원 민간단체에 대해서는 상당한 정도의 호의적인 반응을 보이며 상호 협력관계를 유지하고 있다는 점을 들 수 있다.

이상에서 살펴본 것처럼, 북민협 사례 분석은 지난 10년간의 거버넌스 구조와 동학을 분석함에 있어 남북교류 시 동종기관 간 협의체의 장단점에 대한 시사점을 도출할 수 있다는 점에서 의미가 있다. 북민협에 참여하는 회원단체들은 구호 및 개발사업을 전개하고, 남북 간 교류협력 과정을 통해 남북화해와 통일, 한반도 평화 정착에 기여한다는 정책목표를 공유하고 있는 단체들이다. 동종기관 간 협의체의 장점은 먼저 정책목표 공유를 통해 긴밀한 협력체계를 형성하여 시너지 효과를 극대화할 수 있다는 점이다. 물론 각 단체별로 이면적 목적을 가지고 있기는 하지만, 표면적 목적인 대북지원사업의 활성화라는 기조를 상호 공유하기 때문에 단체 간의 연계를 통해 정부의 정책집행을 보완하는 역할을 할 수 있다는 장점이 있다. 무엇보다 대북지원 확대라는 목표를 달성하기 위해 대국민 여론을 조성하고, 정부의 정책변동을 촉구하는 애드보커시 활동 등을 통해 회원단체가 지향하는 목적을 함께 추진하여 상호 시너지 효과를 창출할 수 있다.

또한 북한과의 협상 형태, 북한 정세, 추진사업 정보 등 실제 지원 과정에서 다양한 정보와 노하우를 상호 공유하여 정책집행의 효율성과 효과성을 극대화할 수 있다는 장점도 있다. 동종기관 간 협의체의 경우 동일한 목표를 공유하기 때문에, 단체 간에 협력이 긴밀하게 이루어진다면, 후발기관은 선행 단체로부터 사업 추진의 노하우를 습득하여 시행착오를 최소화할 수 있다. 무엇보다 북민협 회원단체의 설립 취지와 배경은 다를지라도 일반구호, 농업, 보건의료, 복지, 교육 등 다양한 분야의 단체가 소속되어 있기 때문에 분야 간 연계를 통해 지원의 시너지 효과를 창출할 수 있다는 장점이 있다. 동종기관 간 협의체의 경우 정책목표를 공유하면 협의체에 참여할 수 있는 제약요인이 많지 않기 때문에 네트워크의 개방성과 참여성이 높다.

아울러 남북관계의 특수성으로 인해 북한을 바라보는 인식에 따라 단체 간의 이념갈등이 상존하기 마련인데, 북민협의 경우 회원단체 간에 목표를 공유함으로써 대북인식에 따른 이념갈등은 크게 나타나지 않는다는 장점이 있다. 물론 시민운동에 기반을 둔 단체 가운데 진보와 보수의 입장 차이가 있기는 하지만, 이 역시 북한에 대한 지원에는 공감하기 때문에 이념적 대립이나 갈등이 크게 발생하지는 않는다고 볼 수 있다.

이 같은 장점과 달리 동종기관 간 협의체의 단점으로는 먼저 개별 단체의 사업 확장과 조직의 위상 강화를 위해 협의체 내에서 경쟁관계가 발생한다는 점을 들 수 있다. 무엇보다 이러한 경쟁관계가 갈등으로 확산될 경우 갈등을 조정·조율할 수 있는 상위 단체가 존재하지 않기 때문에 북민협이 제 역할을 수행하지 못하는 문제점이 있다. 동종기관으로 구성된 협의체이기 때문에 허브(hub)가 존재하지 않아 개별 단체들이 상호 긴밀한 연계망을 형성하지 못하고, 이슈 및 정부와의 관계설정에 따라 네트워크 형태가 단절되는 문제점을 드러내고 있다. 이런 점을 고려하여 바람직한 거버넌스의 형태를 제시하면, 동종단체 간 협의체 구성 시 이를 관리·조정할 수 있는 별도의 상위기관(사무국)을 둘 필요가 있다. 동일한 정책목표를 공유하기 때문에 단체 간에 협력관계가 형성될 수도 있지만, 동시에 사업을 확장하고 개별 단체의 위상을 높이기 위해 경쟁관계가 발생할 수도 있다. 아울러 북민협 내부 단체들 간의 이해관계를 조정·조율하며 관리할 수 있는 상위의 협의체가 존재하지 않는다면, 개별 단체별로 북한과 협의하는 창구권력화라는 문제점이 발생할 수도 있다. 따라서 협의체 내 상위기구를 통해 네트워크가 긴밀하게 운영될 수 있도록 관리하는 안내자·조정자의 역할이 필요하다.

한편, 북민협은 남북한 당국 간은 물론이고 국내에서 정부와 시민사회를 연결하는 이중적 매개체의 역할을 수행했다고 평가할 수 있다. 즉, 국내에서 정부와 시민사회의 연계는 물론 남북관계의 특수성으로 인해 정부가 전면에 나설 수 없는 사업을 추진할 경우 북민협이 대신 역할을 수행하며 남북한 당국을 연계하는 창구의 기능을 담당하였다. 이러한 이중적 매개체의 기능이 가능했던 것은 무엇보다 대북지원 민간단체의 자체 역량 강화와 함께 정부의 재정적 지원과 정책적 제도화가 주요 요인이었다고 볼 수 있다. 무엇보다 기존의 통일운동 차원에서 비조직적으로 운영된 민간단체의 활동이 정부의 재정지원과 공식적인 정책협의 과정을 통해 조직적이며 제도적인 틀을 형성하게 된 점은 주목할 만하다. 공공 부문과 민간 부문 간의 수평적 상호 결합이 이루어진 것으로, 이러한 민·관 협력은 결국 거버넌스의 내재화로 특징지을 수 있다.

4) 6·15공동선언실천남측위원회

(1) 남한 정부와의 관계

제도적으로 민화협은 법인화하였으나 6·15공동선언실천남측위원회(이하 6·15남측위원회)는 제도화(법제화)를 추구하지 않았다. 6·15남측위원회는 6·15공동선언을 실천하기 위해 종교단체, 사회운동단체, 시민단체 등이 모여 만든 자발적인 협의체 결사조직으로서 정부로부터 자율적인 사회주체이다. 6·15남측위원회는 조직 성원의 자격, 정책(아젠다) 결정, 임원진 구성의 자율성을 갖고 있음에도 불구하고 재정적 측면에서는 정부 의존적이다. 특히 6·15공동위원회 활동의 대부분은 북한이라는 파트너와 이루어지는데, 인적 왕래의 승인과 남북협력기금의 지원이 정부의 결정에 달려 있어 이 측면에서 정부와 종종 마찰을 빚기도 한다. 6·15남측위원회는 이 책의 연구대상인 4개의 남북한 교류협력 협의체 가운데 가장 늦게 결성된 조직이지만 2001년 이후 괄목할 만한 성장을 이루어 남북교류협력 부문에서 주도권을 획득함으로써 거버넌스의 주체가 되었다.

6·15남측위원회는 재정적 차원에서는 정부에 의존하면서도 남북교류협력 부문의 정책(아젠다) 개발(형성)과 집행에서 자율성과 책임성(또는 영향력)을 갖고 있어 양면성을 지니며, 이러한 특성 때문에 남한 정부와는 경쟁적인 관계를 형성하고 있다. 특히 6·15남측위원회의 활동을 주도하고 있는 세력들이 정부에 비판적이거나 비협조적인 성향을 가지고 있는 동시에 친북적 성향이 있어 남한 정부의 입장에서는 경계의 시각을 갖고 있지만, 남한 사회에서 영향력 있는 대부분의 종교단체와 시민단체들이 6·15남측위원회에 참여하고 있다는 점에서 남북교류협력 부문에서 거버넌스

의 주체로 인정하지 않을 수 없다.

시민사회단체의 정통성은 자신들의 시민회원을 대표하는 사실뿐 아니라 이들이 갖고 있는 아이디어의 정당성, 추구하는 가치와 이슈에서 찾을 수 있으며, 이 점은 거버넌스에 시민사회가 기여할 수 있게 한다.[11] 따라서 6·15남측위원회의 활동 목적이 남북정상회담의 결과물인 6·15공동선언의 실천에 있기 때문에 6·15남측위원회는 거버넌스의 주체로 참여하는 정당성을 획득할 수 있다. 하지만 거버넌스의 주체로 인정받은 6·15남측위원회가 정책(아젠다)의 자율성을 획득하고 조직의 외연이 확대되고 북한과의 파트너십이 공고해지자 남북교류협력의 창구를 둘러싸고 정부와 경쟁관계에 놓이게 되었다. 6·15남측위원회의 구조와 활동 범위는 마치 초기 남북연합체제를 형성하는 과정에서 정부의 대체자 역할을 수행하는 수준으로 확대되는 모습을 보였다. 이것은 곧 통일의 당사자가 누구인가의 문제와 연결되는 것으로, 북한이라는 파트너와 통일 관련 의제를 논의하고 협상하며 집행하는 주체로서 정부 대 시민사회(6·15남측위원회) 간의 갈등 또는 경쟁을 의미한다. 결국 이러한 갈등은 통일의 주도권을 둘러싸고 6·15남측위원회가 정치화 또는 정치세력화되는 경향을 보이면서 정부와 불편한 관계를 형성하게 되었다.

한편, 6·15남측위원회는 제도적·재정적 안정성을 보유하지 못하고 있고 대부분의 활동이 북한이라는 파트너와 공동으로 진행되기 때문에 양 정부의 정책 변화가 있을 때 활동의 지속성을 유지하는 데 매우 취약한 구조를 내포하고 있다. 6·15남측위원회가 진행한 대부분의 사업들은 표 4-5와 같이 거의 전적으로 남북협력기금에 의존하고 있다. 이것은 정권

---

11 M. Marschall, "From States to People: Civil Society and Its Role in Governance," in CIVICUS ed., *Civil Society at the Millennium* (West Hartford: Kumarian Press, 1999), pp. 167-178.

표 4-5 6·15 및 8·15 공동행사 개최에 대한 남북협력기금 지원 내역 (단위: 백만 원)

연도	장소	기간	행사 내용	지원액
2001	금강산	6. 15~16	6·15공동선언발표 1주년 기념 민족통일대토론회	253
		8. 15~21	8·15민족통일대회	미지원
2002	금강산	6. 13~16	민족단합대회, 남북해외공동사진전	47
	서 울	8. 14~17	8·15민족통일대회	302
2003	평 양	8. 14~17	8·15민족통일대회	미지원
2004	인 천	6. 14~17	6·15공동선언발표 4돌 기념 우리민족대회	135
2005	평 양	6. 14~17	민족통일대행진, 민족통일대회	659
	서 울	8. 14~17	8·15민족통일대회, 통일축구대회	3,521
2006	광 주	6. 14~17	6·15민족통일대회	1,312
2007	평 양	6. 14~17	6·15민족통일대축전	313
2008	금강산	6. 15~16	6·15민족통일대회	미지원

자료: 통일부, 『남북협력기금백서』(통일부, 2008), pp. 213-218.

교체로 인해 이전 정부에서 남북교류협력을 주도했던 단체나 행사 등에 대해 비판적인 새 정부가 남북협력기금 지원을 대폭 삭감했을 때 6·15남측위원회의 활동이 크게 위축되게 만드는 요인으로 작용한다.

정부는 남북협력기금이라는 재정적 지원을 통해 정책(아젠다) 형성과 집행이 NGO가 정부로부터 지나치게 일탈하거나 자율성을 획득하는 것에 대해 통제하고 있다. 또한 흥미로운 사실은 6·15남측위원회가 주최하는 공동행사임에도 불구하고 남북협력기금이 6·15남측위원회의 참여단체인 민화협을 통해 집행되고 있어 민화협이 6·15남측위원회에서 정부의 대리인 역할을 수행하는 것처럼 보인다.

(2) 북한과의 관계

6·15공동위원회는 결성될 때부터 북한과의 합의하에 조직되었기 때문에 북한과는 긴밀한 협력관계를 형성하고 있다. 또한 6·15남측위원회의 북측 파트너인 6·15북측위원회는 기존의 범민련 북측 본부, 민화협(민족화해협의회) 등의 조직이 개편된 것인데, 6·15남측위원회의 활동을 주도하고 있는 통일연대는 역사적으로 북한의 통일운동단체와 친밀한 관계를 가지고 있어 협력적인 파트너십을 형성하는 데 다른 협의체들에 비해 수월하다고 할 수 있다.

6·15남측위원회와 북한의 협력관계는 주로 정책(아젠다) 부문에서 주로 형성되는 반면에, 재정적 부문에서는 6·15남측위원회에 북측 파트너가 일방적으로 의존하는 비대칭적 특성을 나타내고 있다. 또한 정책(아젠다) 부문의 경우 특정 아젠다에 한해서는 때로 대립적 관계에 놓이기도 하는데, 예를 들어 2009년 금강산 6·15공동행사 공동성명에 북한 측이 당시 남한에서 불거졌던 촛불집회와 관련된 용어를 삽입하려 함으로써 남측의 일부 시민단체와 종교단체가 본회의장을 퇴장한 것이 대표적인 사건이라고 할 수 있다. 이 사건은 남북교류협력 영역을 벗어난 대내적인 성격의 아젠다(특히 대내적 정치사안)가 다루어질 경우 6·15남측위원회와 북한의 협력적 파트너십이 깨질 수 있음을 보여 준다.

(3) 조직 내부의 관계

6·15남측위원회는 친북적 성향을 갖고 있는 통일연대, 광범위한 대중적 기반과 정부와 협력적 관계를 형성하고 있는 민화협, 인적·재정적 동원력을 보유하고 있는 종단이라는 세 행위자의 이해관계가 맞아떨어진 '조합주의적' 협의체 조직이다. 따라서 각 행위자의 고유성과 조직적 특성 때문에 조직 내부의 관계는 상호견제적이다(그림 4-7 참조). 이러한 관계적 특성은 중앙조직의 임원진 구성에 잘 나타나는데, 업무의 효율성을 우선

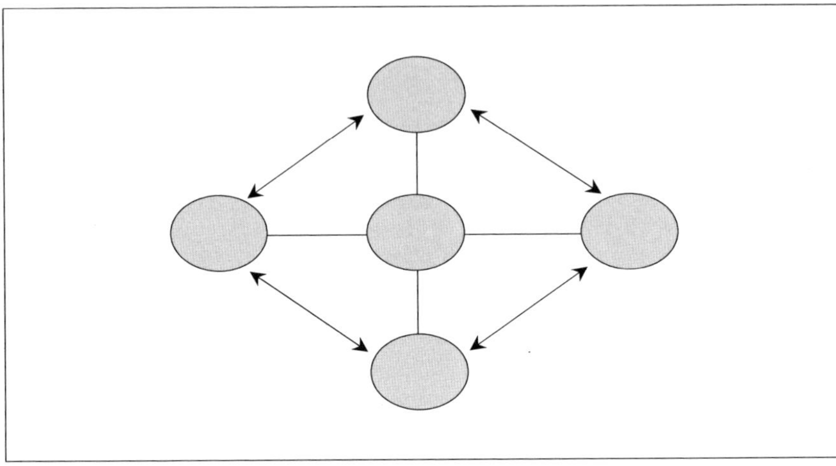

그림 4-7 6·15남측위원회의 조직 내부 관계 : 상호견제형

하는 분업체계가 아닌 한 부서에서 상호 견제할 수 있도록 주요 행위자(단체)의 대표자들이 모두 참여하는 형식으로 구성되어 있다. 예를 들어, 6·15남측위원회의 핵심부서 중 하나인 집행위원회는 집단체제로서 통일연대·민화협·종단·시민사회단체연대회의 집행위원장이 모두 공동집행위원장을 맡고 있다.

이러한 견제관계는 활동을 전개하는 과정에서 종종 마찰을 유발하기도 하며, 갈등이 점증하면 때로 회원의 조직 탈퇴를 낳기도 한다. 조직 내부에서 발생하는 마찰은 대북 관점의 차이에서 오는 정책(아젠다)의 불일치, 남한 정부와 북한 정부와의 파트너십 차이에서 오는 양 정부의 배제와 포섭 행위에 대한 반작용, 그리고 6·15남측위원회의 헤게모니 장악을 둘러싼 권력투쟁 등이 원인이 된다. 특히 6·15남측위원회의 2기(2007. 3~2009. 2)에 참여했던 민주노총, 한국노총과 같은 대규모 노동운동단체가 3기(2009. 3~현재)에는 탈퇴했다는 점은 주목할 필요가 있다. 대체로 이러한 대규모 노동운동단체들은 독자적인 남북교류협력 역량을 보유하고 있다. 또 대한민국상이군경회, 한국기독교교회협의회, 한국교총과 같이 대표적인 보수적인 단체들이 6·15남측위원회를 탈퇴한 것은 정권교체와 함께 대북정책이 전환됨으로써 6·15남측위원회가 추구하는 정책(아젠다)에 대해 비판적 입장을 갖고 있기 때문이라고 볼 수 있다.

2. 상응조직으로서의 북한 협의체[12]

남북교류나 협상은 항상 비대칭적 대응구조 속에서 진행되므로, 남한의 교류협력 협의체를 연구하기 위해서는 항상 북한의 대남협상정책과 이를 담당하는 단체나 조직 또는 교류와 협력의 통로를 파악할 필요가 있다. 북한에서는 시민사회 영역이 거의 존재하지 않고, 남한과의 교류협상 파트너는 사회단체라기보다는 일종의 국가기구여서 당이나 국가로부터의 자율성이 거의 없지만, 그럼에도 불구하고 교류협상 채널은 존재한다.

주지하다시피, 북한의 대남협상정책은 조선노동당의 해당 부서에서 작성되고, 협상에 나서는 대남협상기구와 간부들도 당의 지도와 통제를 받는다. 대남협상을 지휘하는 조선노동당의 최고기관은 비서국의 대남 담당 비서(북한에서는 통일전선사업담당이라고도 함)이다. 비서국은 당내 인사 문제를 비롯해 당면 문제를 정기적으로 토의·결정하고 그 결정을 집행·조직·지도하며, 당 산하의 전문부서를 일상적으로 지휘·감독하는 당의 중추기관이다. 대남 담당 비서의 산하에는 통일전선사업부, 대외연락부, 35호실(구 대외정보조사부), 작전부 등의 전문부서가 설치되어 있었다.

북한은 방대한 기구를 갖추고 체계적으로 대남정책을 진행하고 있다. 남측에서 접하게 되는 남북대화의 북측 대표들은 대체로 대남 사업 관련

---

12 후술한 북한의 협의체들에 관한 주요 내용은 월간 『민족21』의 정창현 대표로부터 자문을 받아 작성되었다.

인물이라고 보면 좋을 듯하다. 북한에서 대남사업을 관장하는 기관들은 '3호 청사'에 자리잡고 있다. 3호 청사란 북한의 대남정책과 사업의 총본산으로 불리는 조선노동당 별관을 이르는 말이다. 3호 청사는 평양 모란봉 구역 전승동에 위치하고 있으며, 청사에는 대남사업만 수행하는 통일전선부, 작전부, 대외연락부가 소속되어 있다. 이 가운데 통일전선부는 대남사업기구 중 가장 방대하며 중요한 기구로, 김용순 대남사업 담당 비서가 부장을 맡고 있다가 사망한 이후 2007년 3월 노동당 국제부장과 국방위원회 참사를 역임한 김양건 부장이 새로 임명되었다.

통일전선부는 해외 교포나 동포의 포섭공작, 남한 내 민간단체들을 대상으로 한 통일전선 구축, 크고 작은 대남 제의, 남북대화, 교류 등의 업무를 맡고 있는 곳으로 남한 주요 인사의 방북도 이 부서가 관장하고 있다. 통일전선부 내에는 정책과, 회담과, 교류과, 간부과, 연고자과, 재일총련과,[13] 해외동포과 등이 있는 것으로 파악된다. 북한에서 가장 큰 남한 자료 도서관을 갖추고 있는 조국통일연구원(구 남조선문제연구소)도 통일전선부 산하 기관이다. 조국통일연구원은 남한의 정치, 경제, 사회문화, 군사에 대한 심도 있는 연구를 진행하고 남한 정세분석 보고서와 각종 백서를 작성한다.

통일전선부 소속 인사들은 대외활동에 나설 때 정책과는 조선아세아태평양평화위원회, 회담과는 조국평화통일위원회, 교류과는 민족화해협의회와 민족경제협력연합회, 해외동포과는 해외동포원호위원회 등의 대외활동조직의 직함으로 나온다. 2000년 남북정상회담 이후 장관급 회담 수석대표로 나온 전금진(가명 전금철)이나 남북정상회담 합의 당시 박지원 문화관광부 장관의 파트너였던 송호경을 비롯해 각종 남북대화에 모습을 드

13 이 부서는 강주일 대외연락부장이 통일전선부 제1부부장에서 대외연락부로 옮겨가면서 대외연락부 소속으로 옮겨갔다는 설이 있다.

러낸 이종혁, 박영수, 안병수(본명 안경호) 등이 조국평화통일위원회나 조선아세아태평양평화위원회의 직함을 가지고 활동하였다.

1) 조국평화통일위원회

조국평화통일위원회(이하 조평통)는 통일전선부 본부의 모든 기능과 역할을 함축한 명칭인 '어머니 연락소'로 불린다고 한다. 기본적으로 통일외교의 합법성을 주장하며 막후에서 남북대화를 기획하고 실천하는 조직으로, 주로 회담과 관련한 연구와 실행, 인물 파악, 정보 수집 등을 전담한다.

조평통은 1960년 남한에서 4·19혁명이 발생하고, 재야와 학생들을 중심으로 통일 논의가 분출되자 이를 당국 차원에서 전략적으로 활용하기 위해 조직된 조선노동당의 대남 외곽조직이다. 조평통은 1961년 5월 13일 홍명희를 위원장으로 33명의 준비위원회에서 조직된 노동당 외곽단체로서 북한의 정당, 사회단체와 각계 인사들을 망라하여 결성되었다. 홍명희를 위원장으로 한 것은 홍명희가 월북 인사라는 점에서 남한에 대해 통일 공세를 강화하는 데 적합한 인물이었기 때문이다. 또한 조평통의 위원장과 부위원장에는 주요 간부를 임명하고 있다.

조평통은 조선노동당의 통일 문제 및 남북대화와 관련한 입장을 대변 또는 옹호하고, 남한의 각계각층 인사와 해외 인사를 대상으로 연방제 통일 실현 투쟁을 고취한다. 또한 남한 내에 주요 사건이 일어나거나 새로운 정책이 제시될 때마다 '조평통 서기국 보도' 등을 통해 이에 대한 입장을 밝히고, 대변인 성명이나 담화 등 문건을 통해 반정부 선전 및 여론을 조성하는 데 중점을 두고 있다.

조평통의 조직은 중앙위원회를 중심으로 상무위원회와 서기국을 두고 있으며 중앙위원회 산하에 조직부, 선전부, 회담부, 조사연구부, 총무부, 자료종합실, 기요부(비밀부) 등의 부서를 두고 있다. 위원장과 부위원장 등의 간부는 대부분이 당 정치국원, 당비서, 최고인민회의 의장 등을 겸하고 있는 당의 고위간부들로서 위원장은 허담 위원장 사망 이후 공석으로 되어 있다. 통일부가 발간한 『북한 기관·단체별 인명집 2011』에 따르면, 조평통의 부위원장은 안경호, 양형섭(현 최고인민회의 상임위원회 부위원장), 오익제(1997. 8 월북) 등 6명으로 구성되어 있으며, 서기국장에는 1998년 안경호가 임명되어 활동하고 있다.

2) 조선아세아태평양평화위원회

1990년대 사회주의 붕괴 이후 북한이 외교 무대에서 과거 당 중심의 외교를 펼쳤던 것에서 벗어나, 공식적인 국가기구나 민간단체를 앞세우는 경향이 강화되었다. 조선아세아태평양평화위원회(이하 아태평화위)의 설립도 그 일환으로 보인다. 특히 1990년대 들어 미국·일본과의 외교가 중요해지면서 이를 총괄할 필요성을 느끼면서 창설한 것으로 보인다.

아태평화위는 민간기구의 성격을 띠고 있는 대외정책기구로 1994년 5월에 설립된 것으로 전해진다. 이 기구가 처음으로 외부에 알려진 것은 1994년 7월 김용순(당시 통일전선사업 담당 비서 겸 아태평화위원장)이 방북중인 일본의 국제문제연구소 소장 나카마루 카오루와 만난 사실을 전하면서부터이다. 이때 중앙방송은 김용순을 '아태평화위원장'으로 호칭하였다.

이 기구는 미국, 일본 등 서방 국가들과의 관계개선을 위한 창구 역할과 함께, 남북교류를 조정 및 통제하고, 유력 외국 인사에 대한 방북 요청과 해외 학술회의 참가 등을 통해 북한의 이미지를 개선하는 데 있다고 한다. 그러나 북미·북일 관계가 정체되면서 아태평화위는 금강산사업, 남북정상회담 등 남북교류에서 비중 있는 사업들을 전담하기도 했다.

아태평화위는 1995년 4월 평양에서 개최된 '평양국제체육문화축전'을 주관했고, 일본과 1995년 쌀 지원 문제를 논의하였다. 리틀엔젤스 공연

(1998. 5)과 정주영 현대 명예회장의 방북(1998. 6) 초청과 금강산관광사업 등을 주관하였다. 2000년 남북정상회담에도 깊숙이 관여한 것으로 확인되었다.

아태평화위는 2000년대에 들어와 대남경협사업 추진도 종합 조정하는 등 위상이 높아지고 있다. 즉, 각종 대남경협사업 추진 여부를 일차적으로 판단하여, 북한의 관련 기구에 분배하는 권한까지 행사하고 있다. 이것은 통일전선부 정책과가 남북경제교류나 회담의 유무를 감안해 아태평화위 명의로 사업범위와 내용을 조절하기 때문인 것으로 보인다.

3) 민족화해협의회

민족화해협의회(이하 민화협)는 남한에 가장 잘 알려진 대남기구일 것이다. 대부분의 사회문화교류 방북초청장이 민화협의 이름으로 발부되기 때문이다.

민화협은 1998년 6월 8일 북한이 8·15통일대축전 제의에 앞서 정계, 사회, 문화계, 종교계 등 각계 단체들과 인사들로 구성한 대남 단체의 하나이다. 이 기구는 북한이 민족화해를 내세워 결성한 최초의 협의체이며, 김정일 국방위원장의 민족대단결 5대 방침(1998. 4)에서 언급된 '온 민족의 접촉 대화와 연대 연합'을 실현하기 위한 실무기구의 역할을 수행하고 있다. 특히 김대중 정부의 정경분리 원칙에 따른 접촉, 교류 활성화 정책에 대응해 남한 내 종교·문화계 등 각종 민간단체 인사들의 대북 접촉 창구로 활용하려는 측면에서 민화협이 결성됐다고 할 수 있다.

2004년 이후 민화협은 그동안 중요한 남북교류 창구 역할을 해온 아태평화위의 업무까지 상당 부분 넘겨받아 명실상부하게 남북 사회, 문화, 학술, 시민단체, 종교 분야 교류의 북측 파트너로 성장했다. 평양을 방문했을 때 나오는 대부분의 북한 안내원도 민화협 소속이다. 2005년 평양에서 공연된

〈대집단체조와 예술공연 아리랑〉을 참관하기 위해 남쪽에서 8,500여 명의 방북단이 올라가자 민화협 소속 안내원이 총출동하기도 했다.

민화협은 결성 이틀 후인 1998년 6월 10일 김영대 회장이 '8·15 통일대축전' 북측 준비위원장으로 선임되면서 1998년도 통일대축전을 준비하는 것으로 활동을 시작하였다. 1999년 1월 18일에는 범민련 북측 본부 등과 함께 문익환 목사 사망(1994. 1. 18) 5주년 추도식을 개최하였다.

1999년 2월 4일에는 제2차 전원회의를 개최하고 남쪽의 각계 단체, 인사들과의 폭넓은 접촉과 대화 실현 문제 등을 토의하기도 하였다. 또한 1999년 10월 13일 열린 제3차 전원회의에서는 국가보안법 철폐를 위한 남·북·해외의 3자연대 공동투쟁 대책을 논의하면서 남측 국가보안법 완전 철폐를 촉구하였다. 그리고 남북정상회담 이후 2000년 8월 28일 열린 제4차 전원회의에서는 6·15공동선언을 지지하는 남측 단체들과 공동보조를 취하여 민족화해와 통일 분위기를 조성하는 데 이바지할 것을 결의하였다.

민화협이 남쪽에 널리 알려지기 시작한 것은 남북공동행사가 정기적으로 열리기 시작한 2001년 이후이다. 민화협은 2001년 6·15민족통일대토론회(금강산), 8·15남북공동행사(8. 15~16, 평양) 등 대규모 남북 공동행사를 주관하였다. 2002년부터는 서울, 인천과 평양을 오가며 6·15남북공동행사, 8·15남북공동행사를 남측 민족공동행사추진본부 측과 함께 개최하였다. 2005년의 조용필 평양공연(8. 23)을 비롯한 각종 방북 공연, 남한 언론사의 대북사업, 〈아리랑〉 공연 참관사업, '우리민족서로돕기운동', '우리겨레하나되기운동본부' 등 여러 대북지원단체와 사업을 진행하고 있는 것도 역시 민화협이다.

민화협의 활발한 교류와 활동에도 불구하고 민화협의 세부 조직편제는 공개되지 않고 있다. 다만 남북공동행사나 남북 간 접촉에 나온 민화협 간부들의 직책을 통해 어렴풋이 유추해 볼 수 있을 뿐이다. 현재 드러난 직제는 회장－부회장－상무위원－중앙위원－실장－부장－부부장－과장－책임부원－부원으로 되어 있는 것 같다. 이 외에도 민화협 내에는 사무소장, 부소장, 사무소 부원 직제가 있는데, 사무소장이 어느 정도의 직급에 해당하는지는 정확하게 알려지지 않았다. 다만 단순교류보다 6·15공동위원회와 같은 정책적 남북교류 기능까지 담당하고 있는 것으로 보인다.

회장은 1998년 창립 때부터 현재까지 김영대 사회민주당 위원장이 맡고 있고, 부회장은 2011년 현재 10명이 맡고 있다. 현재 조충한, 주진구, 정덕기, 이충복, 박경철 등이 부회장 직함으로 활동하고 있고, 상무위원으로는 김경남, 황봉국 등이 활동하고 있다. 민화협 부회장들은 대부분 조평통 서기국 부국장직을 겸직하고 있다.

민화협에서 활동하는 간부들은 대부분 통일전선부 교류 1과와 교류 2과 소속으로 전해진다. 민화협의 실장, 부소장급 이상은 대부분 2005년 출범한 6·15공동위원회 북측위원회에도 소속되어 있다. 민화협은 담당 업무가 다른 몇 개의 부로 나누어져 있는 것 같다. 정확하지 않지만 대체로 종교, 언론, NGO, 정당, 사회단체 등이다. 그래서 남쪽 대표단이 대규모로 방북하면 대표단 구성원에 따라 각 담당 부장, 과장, 부원이 나온다. 민화협 성원의 전체 규모는 베일에 가려 있다. 세대교체가 이루어지면서 민화협 회장단은 대부분 60대가 주류를 이루고 있지만 과장급은 30대, 실장급은 40대에서 50대 초반으로 변화하였다. 최근에는 대학을 갓 졸업한 '신세대'가 민화협 부원으로 나오는 사례도 늘고 있다.

4) 민족경제협력위원회

2005년 10월 28일 개성공단 안에 남북경제협력협의사무소가 문을 열었다. 이 사무소에 근무하는 북한 관계자들은 민족경제협력위원회(이하 민경협) 소속이다. 2004년부터 남북경협과 관련된 모든 협의와 남쪽 기업의 초청은 민경협 또는 민경협 산하 기관과 회사의 이름으로 이루어지고 있다.

민경협은 2005년 6월 22일 북한 최고인민회의 상임위원회가 "조선민주주의인민공화국 민족경제협력위원회를 내온다"라고 발표하면서 공식 발족되었다. 민경협의 발족 이유에 대해 최고인민회의 상임위원회는 "우리 민족공동의 통일강령인 6·15 북남 공동선언의 이념에 따라 북남 경제협력을 활성화하기 위해서"라고 발표하였다.

민경협의 공식 발족과 함께 북한은 남한의 남북교류협력에 관한 법률(1990년 제정)에 해당하는 '북남경제협력법'을 제정하였다. 총 27개 조로 구성된 이 법은 ① 전 민족적 이익, ② 균형적 민족경제 발전, ③ 상호 존중과 신뢰, ④ 유무상통(有無相通: 서로 있는 것과 없는 것을 융통함) 등을 남북경제협력의 원칙으로 제시하였다. 특히 이 법은 남북경협에 대한 중앙민족경제협력지도기관의 임무를 분명히 하고 있는데, 여기서 언급한 중앙민족경제협력지도기관은 민경협인 것으로 파악된다.

2004년에 이미 조직되어 활동하고 있는 기구를 최고인민회의 상임위원회가 정식 발족을 발표한 것은 이 기구가 정부의 공식 기구로 승격된 것을 의미한다. 남한이 중국에 이어 북한의 두 번째 교역 상대로 발전했고, 개성공단과 금강산관광이 활성화되면서 남쪽과 경협을 전담할 중앙정부 차원의 기구가 필요하게 된 셈이다.

민경협은 1998년 내각 무역성 산하에 조직된 민족경제협력연합회(이하 민경련, 회장 정운업)를 모태로 하고 있다. 민간 차원의 남북경협은 1989년부터 시작되었다. 북한은 고려민족발전협의회, 광명성총회사, 삼천리총회사 등 다양한 이름으로 대남 경협창구를 만들었지만 상호 간에 신뢰가 조성되지 않았다.

남측 기업들은 북측과 교류를 하고 싶어도 어디에 가서 논의해야 하는지는 여전히 막연하였다. 그저 경험에 의존해 먼저 북한에 들어간 기업들로부터 알음알음 소개를 받아 추진할 수밖에 없었다. 이러한 상황에서

1998년 경협창구가 민경련으로 단일화되면서 혼선을 피할 수 있게 되었다. 이후 대남 경협사업은 민경련이 주도적으로 수행하였다.

2000년 남북정상회담 이후 남북경제협력추진위원회가 가동되고, 금강산관광지구에 이어 개성공업지구가 열리면서 남북 당국 간 협의가 중요해졌다. 남쪽과의 순수 민간급 경제교류협력을 전담하는 기구인 민경련으로는 한계에 도달한 것이다. 2004년 여름 북한은 대남 경협 라인을 대대적으로 다시 짜는 작업에 착수하였다. 내각 산하에 민간 경제협력뿐만 아니라 당국 간 협의까지 포괄적으로 담당하는 위원회를 구성하기로 방침이 정해졌고, 1년간의 준비 끝에 민경협이 공식 출범하게 된다.

2005년 10월 1일 평양 양각도국제호텔에서 남쪽 기업인을 대상으로 열린 투자간담회에서 민경협과 민경련의 차이에 대해 민경련 김춘근 부회장은 이렇게 설명하였다. "민경협은 주로 북남 당국 간의 전반적인 사업을 담당하는 부서다. 예를 들어 개성공단, 금강산관광사업, 북남경제회담 등을 관할한다. 민경련은 남쪽과의 순수 민간급 경제교류협력을 전담하는 기구다."

현재 민경협은 산하에 남측과의 경협을 담당하는 민경련, 개성공업지구(중앙특구개발총국) 및 금강산 관련 사업 담당 부서(명승지개발총국), 남북경제협력추진위원회(이하 경추위) 담당 부서, 철도·도로 건설 등을 담당하는 광복총회사 등 남북경제회담, 특구, 경협 사업을 망라해 담당하고 있다. 한마디로 민경협은 남북경제협력과 대화를 실질적으로 총괄하는 장관급 부서인 셈이다.

통일부가 발간한 『북한 기관·단체별 인명집 2011』에 의하면 민경협 위원장은 공석이고, 부위원장은 김성일·주동찬이 맡고 있다. 또 민경련의 경우 회장은 공석이고, 부회장은 서기국장에서 승진한 김춘근이 맡고 있다. 민경련 산하에 있는 7개의 회사는 광명성총회사 윤원철 총사장, 개선총회사 손경철 총사장, 새별총회사 이명준 사장, 삼천리총회사 김일호 사

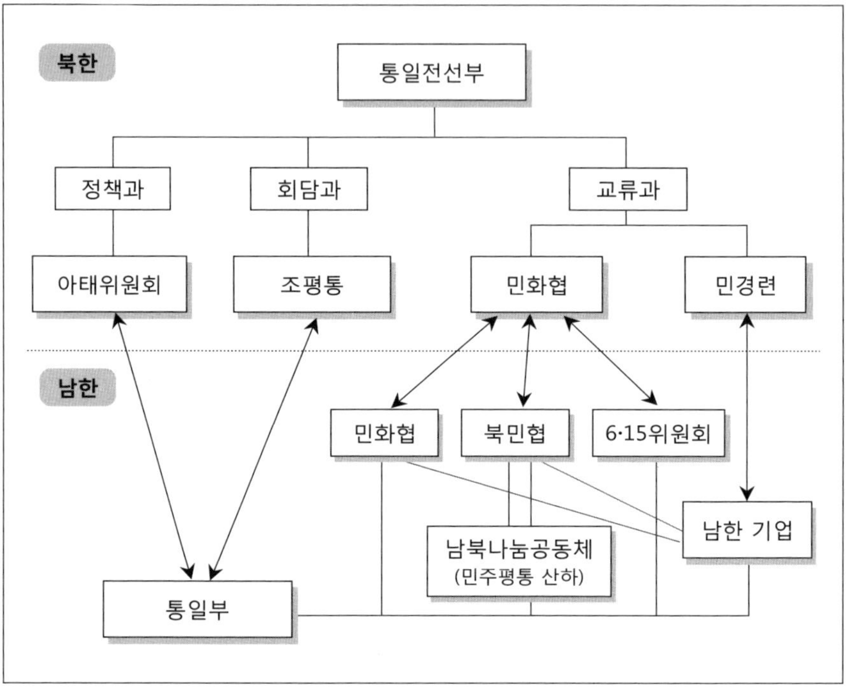

그림 4-8 남북한 교류협력 조직의 상호관계

장, 민경련총회사 이영호 총사장, 명지총회사 안승수 총사장, 광복총회사 김용 총사장으로 짜여졌고, 서기국에서 이름이 바뀐 정책국장에는 방강수가 임명되었다.

3. 협의체의 위상과 상호관계

제3장에서 검토하였듯이 우리가 검토한 네 개의 협의체는 서로 다른 시기에 설립되었고, 남북관계가 새로운 단계에 접어들 때마다 기존의 협의체가 존재하는 상황에서 새롭게 설립되었다는 특징을 갖는다. 이를 설립

시기별로 정리하면 민주평통, 민화협, 북민협, 6·15남측위원회의 순이다. 민주평통은 냉전적 대결이 한창이던 1981년에 정부 주도로 설립되었다면, 민화협은 1998년의 김대중 정부의 집권과 대북정책의 근본적 전환을 표현하는 조직이었다. 2000년 남북정상회담 이후 대북 교류협력지원단체들이 활성화되고 이들 간의 조정과 조율의 필요성이 커진 2001년 북민협이 결성되었다. 2005년에 이르러 노무현 정부의 대북정책이 약간 수정되고 이른바 뉴 라이트 단체들의 대북정책 비판이 고조되는 상황에서 남북화해와 교류협력의 강화를 주장하는 단체들이 모여 6·15남측위원회가 성립하였다.

흥미로운 것은 이들 협의체의 조직원리가 서로 다르다는 점이다. 민주평통이 정부주도형 '하향식 조직'이라면, 민화협은 대북관계에 관심을 가진 단체들을 포괄하는 '망라형 조직'이라고 할 수 있다. 민화협은 남한뿐 아니라 북한에서도 이에 상응하는 조직을 만들어 내는 힘으로 작용하였다. 이로써 남북 상동형 구조가 본격적으로 출현하게 되었다. 북민협은 대북지원사업을 수행하는 단체들로만 조직되었으므로 이를 '동종형 조직'이라고 부를 수 있고, 6·15위원회는 특정한 이념이나 정책을 지지하고 이의 지속적 수행을 주장하는 '연대형 조직'이라고 할 수 있다. 이런 유형과 출현순서는 남북교류협력의 확대라는 방향의 정책이 진전되는 조건에서 출현할 수 있는 협의체들을 대변하고 있다고 볼 수 있다. 이를 표로 나타내면 표 4-6과 같다.

이런 협의체들의 사회적 위상은 어떠한가. 협의체의 위상 변화를 보여주는 지표는 재정 규모(인건비, 활동비 등), 조직 성원 규모(가입단체 수), 아젠다 결정권 등이다. 그러나 이런 지표를 통한 분석은 좀 더 많은 시간이 필요하기 때문에, 여기에서는 일단 협의체들이나 설립주도권이나 정부와의 근접성 또는 의존도, 협의체 내부 네트워크의 성격 등의 기준에 따라 서로 비교할 수 있을 것이다.

표 4-6 남북한 교류협력 협의체의 결성시기별 유형

구분	1981	1998	2001	2005	2009 이후
A (정부주도형)	민주평통			(사) 남북나눔 공동체	
B (망라형)		민화협			
C (동종형)			북민협		
D (연대형)				6·15남측위원회	
E (새로운 유형)					

우선, 협의체의 설립 주도권이 정부에 있었는가, 아니면 상대적으로 민간단체의 의지가 강하게 작용했는가를 기준으로 하여 4개의 협의체를 나타내면 그림 4-9와 같이 표현될 수 있다. 민주평통과 민화협은 분명하게 정부가 적극적으로 개입하여 설립된 반면에, 북민협은 정부가 거의 개입되지 않은 민간의 주도로 설립되었다. 6·15남측위원회의 경우는 아젠다 결정과 조직 운영 차원에서 민간 주도이기는 하지만 재정적 차원에서 거의 대부분을 정부의 기금에 의지할 뿐만 아니라 정부의 의지가 개입하고 민화협이 6·15남측위원회의 주요 실력집단이라는 이중성을 갖는다.

현재 단계에서 협의체는 모두 정부의 정책의 영향권 아래에서 만들어지지만, 후기로 올수록 민간주도적 성격이 점차 증가하는 현상을 보여 주고 있다. 다만 6·15남측위원회는 가장 후기에 만들어졌지만 북민협보다 더 민간주도적이었다고 보기는 어렵다. 이는 대북정책을 둘러싼 논쟁이 뚜렷해지는 상황에서 정부와 대북지원 민간단체의 이해가 공유되는 부분이 커지고 있었다는 점을 반영하는 것이다. 따라서 4개의 협의체가 지니는 정부와 민간과의 관계를 재구성해 보면 그림 4-10과 같다.

민주평통은 정부 쪽에, 북민협은 민간 쪽에 더 가깝다. 그러나 두 조직

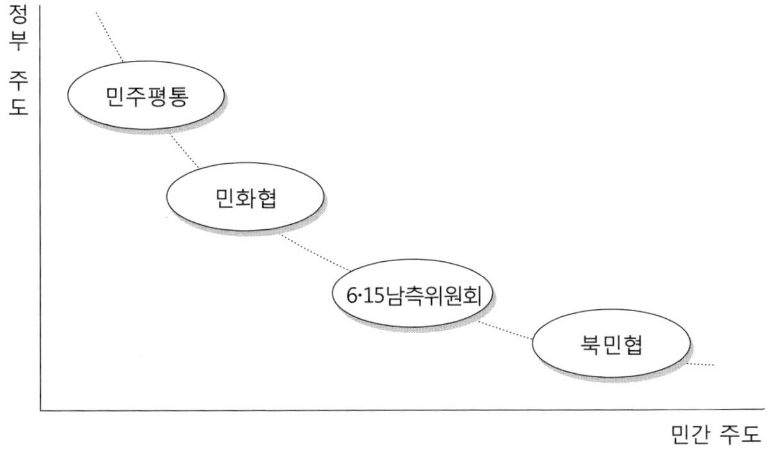

그림 4-9 남북한 교류협력 협의체 결성의 주도권

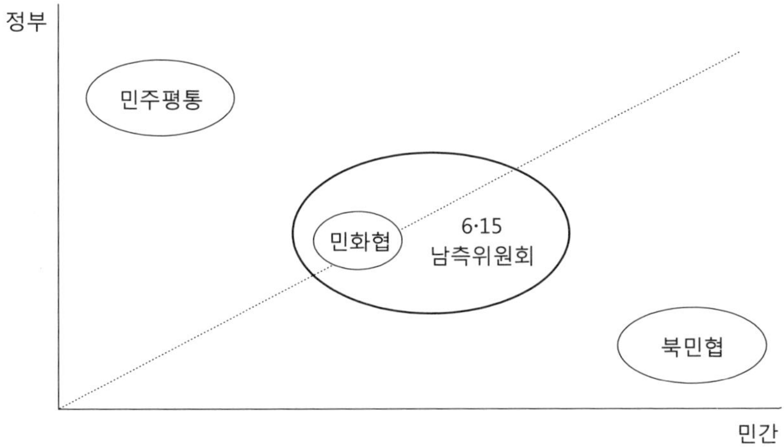

그림 4-10 남북한 교류협력 협의체의 민·관 관계

간에 공유되는 지점은 존재하지 않는다. 반면에 민화협과 6·15남측위원회의 위상이 흥미롭다. 민화협과 6·15남측위원회는 모두 민간에 더 넓은 관계를 형성하고 있으면서 동시에 정부와의 관계도 유지하고 있다. 또 민화

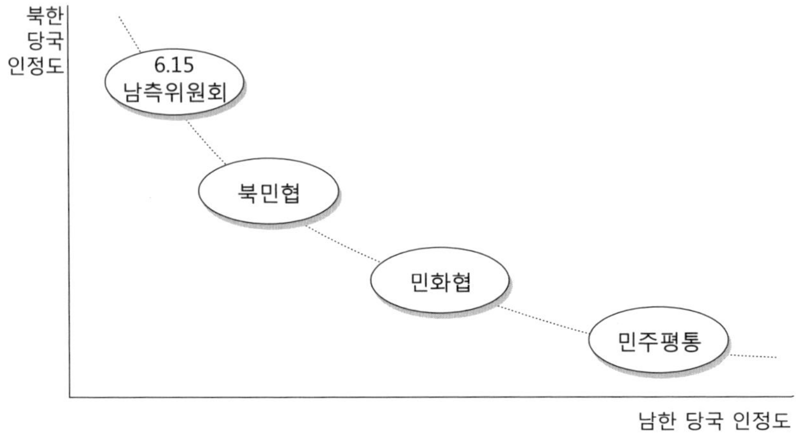

그림 4-11 남북한 교류협력 협의체의 당국으로부터의 인정도

협은 독자적인 활동도 하는 동시에 6·15남측위원회의 주요 구성집단으로 소속되어 있다. 따라서 두 조직은 아젠다 결정이나 활동 면에서 일정한 공유점을 갖고 있다. 하지만 두 조직이 비록 협력적 관계이기는 하나 수직적 상하관계나 종속적 관계에 있는 것은 아니며 오히려 때때로 경쟁관계를 나타내기도 한다.

남북교류를 위한 협의체가 효율적이려면, 한편으로는 남한 정부나 북한 당국으로부터의 인정도가 커야 한다. 이런 두 측면의 인정도는 협의체에 따라 모두 다를 뿐만 아니라 어느 한쪽의 인정도가 크면 다른 쪽으로부터의 인정도는 상대적으로 낮을 수 있다. 그림 4-11에 나타나 있듯이, 6·15남측위원회와 북민협은 북한 당국으로부터 인정도가 높은 반면에, 민화협과 민주평통은 상대적으로 북한 당국의 인정도가 낮다. 물론 남한 당국의 인정도 측면에서 보면 정반대의 상황에 놓이게 된다.

협의체의 효율성과 함께 중요한 것은 남한 내 대북지원단체들을 조율하고 대표할 수 있는 역량이다. 각 협의체들은 자신들이 포괄하는 각 구성원(지원단체)들 간의 네트워크의 성격이 다를 수 있다. 상대적으로 구성단체

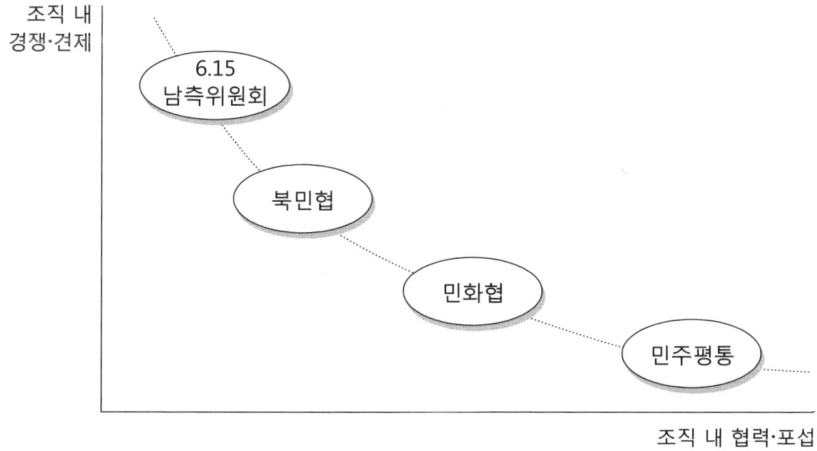

그림 4-12 남북한 교류협력 협의체의 내부 네트워크 성격

들 간의 관계가 협력적이고 협의체가 이들을 포섭하는 정도가 큰가, 아니면 조직 내 경쟁 또는 견제의 측면이 강한가라는 두 가지 기준으로 각 협의체들을 바라본다면, 그림 4-12와 같이 표시될 수 있다.

민주평통은 매우 방대한 조직을 유지하면서 정부주도형 운영으로 존재했으나 조직의 목적상 사회문화적 교류협력에는 취약할 수밖에 없었다. 1990년대 후반, 상황의 변화에 따라 다양한 목소리를 담아 보려는 정부 차원의 시도가 있었으나 해외 지역협의회의 활동을 제외하면 국내 지역협의회의 보수적 시각에 의해 활동이 제약을 많이 받았다. 이런 정부주도형 거버넌스는 탈냉전과 화해협력이 본격화되면 영향력을 상실할 위험이 있다.

민화협의 사례는 망라형 거버넌스의 장점과 한계를 잘 보여 준다. 민화협은 10년간의 기간에 정부와 민간단체의 관계를 잘 조정하였고, 동시에 북한에 민화협이라는 강력한 파트너 조직이 형성되면서 사회문화교류에서 중심적 역할을 할 수 있었다. 그러나 원래의 창립 목적인 남남대화에는 소홀했던 반면, 점차 북과 대화에 초점을 맞추어 원래의 궤도에서 이탈했다는 비판을 받았다.

이에 비하면 북민협은 동종형 조직구성과 비교적 민주적인 의사소통으로 매우 활발한 활동을 하였다. 북민협은 대북지원을 위해 설립된 단체뿐 아니라 기존에 남한과 세계 각지에서 구호활동을 벌이고 있던 단체들을 포괄했고, 민간의 주도 아래 가장 효율적인 거버넌스를 보여 주었다. 북민협의 조직은 민간통일운동 역사에서 중요한 획을 긋는 사건이었다. 북민협 구성 이후 정부와의 협의 과정에서 '민관협의체'로서의 정체성을 인식하고, 정부의 지원금을 받기 위해 매칭 펀드를 조성하는 데 효율적이었다. 그러나 남북교류협력단체 출범 시기의 차이와 함께 이런 경쟁적 요인 때문에, 협의체 내에서 대규모 단체와 소규모 단체 간의 양극화 현상이 발생하기도 했다.

6·15남측위원회는 연대형 거버넌스로서 강력한 활동을 하였다. 출범 초기에 정부가 공식적으로 참여했고, 협의체 운영을 위한 예산이나 인프라 구축, 남북공동행사를 위한 대표단 구성에서도 정부의 역할은 주도적이었다. 그러나 6·15공동선언의 '낮은 단계의 연방제'에 비판적이던 보수단체들은 이 협의체에 참여하지 않았거나 배제되었다. 이런 유형의 거버넌스는 남북관계가 악화되고, 특히 관계의 악화가 북한 내부의 원인으로 발생하는 경우 취약성을 드러낸다.

이처럼 서로 다른 성격과 위상을 갖는 협의체들 간의 상호관계는 어떠한가. 지난 10년간의 협의체들의 동학을 보면, 새로운 협의체가 과거의 협의체를 대체하면서 발전한 것이 아니라 병존하면서 협조와 경쟁의 측면을 동시에 갖고 있었다고 볼 수 있다. 그림 4-13에서 보이듯, 구성적인 측면에서 민주평통과 6·15남측위원회는 모두 통일의 영역에서 사회적 대표성을 갖고 있지만 전자는 남한 내에서, 후자는 남북관계에서 제한적인 대표성을 갖고 있다는 점에서 경쟁관계에 있다. 민주평통과 민화협은 모두 통일의 영역에서 사회적 대표성을 갖고 있다는 점에서 공통성을 갖고 있으나, 민주평통이 부족한 민간적 성격을 민화협이 보완하고 있다. 민주평통

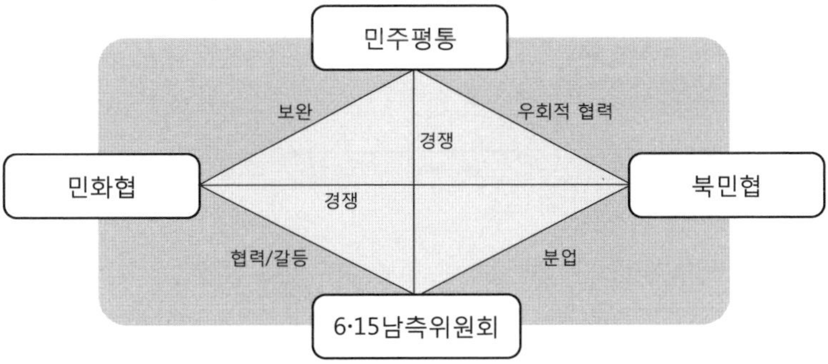

그림 4-13 남북한 교류협력 협의체 간의 상호관계

과 북민협은 기능적 차원과 조직적인 차원에서 아직 관계가 형성되지 못한 상태이며, 반면에 2005년 이후 민주평통이 대북지원단체인 남북나눔공동체를 만들고 북민협에 가입하게 됨으로써 우회적인 협력관계를 형성하고 있다. 민화협과 6·15남측위원회의 경우 구조적으로는 통일 문제에서 협력적 파트너십을 형성하고 있지만, 아젠다 형성 및 북한과의 관계형성과 같은 내용적인 측면에서 때때로 경쟁 또는 갈등 관계를 나타낸다. 민화협과 북민협의 경우는 설립 초기에는 활동 영역이 전혀 달랐지만 민화협이 점점 대북지원활동(특히 산림녹화사업)에 대한 관심을 높여 감으로써 경쟁관계에 놓이게 되었다. 마지막으로, 북민협과 6·15남측위원회는 활동 영역이 전혀 달라 분업관계에 있다고 할 수 있다. 전자는 대북지원활동을, 후자는 사회문화 분야의 교류협력활동에 주력하고 있다.

마지막으로, 4개의 협의체는 그림 4-14에서 보이듯 지난 10년 동안 활동 영역의 변화를 통해 그 성격이 조금씩 달라져 왔다. 가령, 대북정책의 효율적 추진을 위해 설립된 민주평통의 경우 남북나눔공동체라는 별도의 대북지원단체를 설립하여 교류협력 분야로 활동범위를 넓혔다. 이와 반대로 북민협의 경우 설립 당시에는 남북 간 교류협력에 초점을 두었으나, 이후에는 정책위원회를 신설하는 등 대북정책 추진의 국내 여론 형성을 위

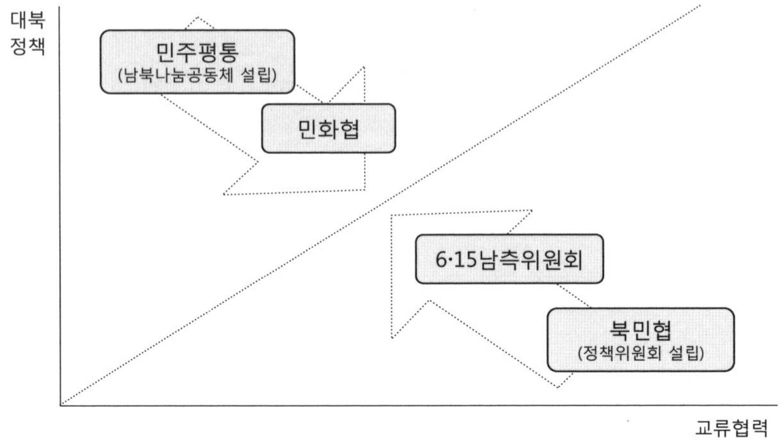

그림 4-14 남북한 교류협력 협의체의 활동 영역 변화

한 활동으로 그 영역을 확대해 가고 있음을 알 수 있다. 결과적으로, 각 협의체들은 초기의 고유 역할을 넘어 정책기능과 교류협력을 동시에 수행하려는 수렴 현상을 나타냈다.

이상에서 살펴본 것처럼, 10년간의 남북한 교류협력 거버넌스는 분리·독립형으로부터 중첩·협력형을 거쳐 경쟁형 거버넌스로 진행되었다고 볼 수 있다. 특히 후반기에는 어떤 협의체 모형이 더 유효한가에 더 민감하게 반응하기 시작하였다. 즉 각각의 협의체는 독자적(고유성) 영역(목적)에서 출발했지만, 시간이 지나면서 각 협의체들은 규모를 확대하고, 구성 단체들의 역량 강화를 꾀하면서 동일 영역에서 상호 경쟁하는 양상으로 발전하였다.

제5장

교훈과 과제

김대중 정부와 이를 계승한 노무현 정부는 정치적·군사적 영역이나 경제적 영역보다 사회문화적 교류협력을 내세워 점진적 교류협력을 통한 '사실상의 통일'을 지향하였다. 이런 조건 속에서 정부와 사회단체들 간의 거버넌스가 다양하게 실험되어 상당한 성과를 거두었다. 지난 10년간의 남북관계는 과거의 냉전시기에 비하면 엄청난 변화를 보였지만, 정치적·군사적 화해가 제한되어 있고, 경제협력 또한 개성공업단지로 표현되듯이 급속하지만 여전히 초기 단계에 머문 시기였다. 이런 상황에서 사회문화 영역의 교류는 많은 제약과 함께 매우 특별한 의미를 지닌 것이었다. 민간 차원의 남북교류협력은 북한에 '시민사회' 또는 '민간'이라는 상대역이 존재하지 않는 상황에서 기본적으로는 비대칭적 구조를 가지지 않을 수 없다.

남북한 사회문화교류 영역에서 거버넌스 유형 변화의 중요한 변수들은 거시적 수준의 변수로서 정부의 전반적인 대북정책원칙, 북한의 남북교류 및 그것을 뛰어넘는 정치경제적 정책과 미시적 수준의 변수로서 정부의 남북교류협력에 관한 재정지원정책, 각 협의체가 움직일 수 있는 이념과 자원동원능력 등이다. 이 밖에도 회원단체들의 재정자립도, 의제설정, 행동동원능력, 기금동원능력 등이 포함된다.

현재 남북한 교류협력 거버넌스는 외적으로는 북한과의 채널링에서 민간단체가 전면으로 나서고 정부나 기업은 후면에 위치하는 '사회문화중심 모형'이다. 이 모형은 초기 교류협력 국면에서 나타날 가능성이 많다. 실제로 이 연구에서 분석한 사례들 중 민화협, 북민협, 6·15남측위원회는 전형적인 사회문화중심형 거버넌스 형태를 나타낸다. 하지만 이명박 정부 출범 이후 대북 채널이 다변화되고 사회문화교류 협의체의 비중은 낮아지면서 정부와 기업이 보다 적극적으로 전면에 나서는 '정치경제중심 모형'로 발전할 것으로 예상했지만, 남북관계가 경색되면서 남북한 교류협력 거버넌스는 더 이상 발전하지 못하고 정체되거나 후퇴하는 양상을 나타냈다.

또한 지난 10년간의 남북한 교류협력은 내적으로 다양한 유형의 거버넌스를 창출하였다. 민주평통의 경우는 하나의 조직이 하부에 여러 조직을 만들어 가는 하향식 모형이고, 민화협은 다수의 단체들이 존재하는 가운데 중심단체가 존재하기는 하나 개별 단체들 간의 상호관계가 강한 탈중심형 네트워크 형태를 나타내며, 6·15남측위원회는 하나의 중심단체가 여러 단체들을 묶어내면서 협의체의 기능을 수행하는 중앙중심형이고, 마지막으로 북민협은 주요 단체들이 상호 순환하면서 다양한 의사소통을 하는 순환형 네트워크 모형에 해당한다. 이러한 내부 거버넌스는 교류협력의 내용, 정부의 자원배분, 시민사회 내부의 자원 크기 및 원천 등에 따라 달라진다. 따라서 어느 유형이 더 발전된 거버넌스라고 평가하기는 어렵다. 하지만 이 4개의 협의체들이 모두 상이한 유형의 내부 거버넌스 형태를 갖고 있음에도 불구하고 모두 대북정책과 교류협력 두 분야에 대한 영향력을 확대해 가려는 수렴현상을 보였다는 점에서 공통성을 보였다. 그러나 하향식 모형과 중앙중심형 모형은 대북정책 분야에, 탈중심형 모형과 순환형 모형은 교류협력 분야에 더 효율적인 거버넌스일 수 있다는 점을 발견하였다.

이 연구에서 분석한 4개의 남북한 사회문화교류 협의체의 역할은 다양하게 평가할 수밖에 없다. 우선, 이 협의체들은 남북관계가 경색되었을 때 많은 단체들의 대표 역할을 수행하고 소규모 단체들이 할 수 없는 대형 사업들을 연대적으로 수행하는 기능을 담당하였다. 그리고 이 협의체들은 정부와의 소통 채널이 되었을 뿐 아니라 북한과의 협상 채널이 됨으로써 쉽지 않은 민간 영역의 남북교류를 구체적으로 실현할 동력을 제공했으며, 개별적으로는 확보하기 어려운 정보나 남북한 신뢰 구축에도 일정한 도움을 주었다.

다음으로, 김대중 정부와 노무현 정부 10년 동안 추진된 남북한 교류협력 거버넌스를 평가할 때 남북한 행위자 간의 상호 대칭성 문제를 언급할 필요가 있다. 남북한 교류협력 거버넌스는 남한 내부의 행위자 간 네트워크 형성과 더불어 북한과 조응할 수 있는 카운터파트의 역할이 중요한 요인이 된다. 지난 10년 동안 남북한 행위자와 관련하여 문제가 되었던 것은 남한의 다양한 행위자에 비해, 이에 조응하는 북한의 카운터파트는 한정되어 있었다는 점이다. 남한의 대북지원 민간단체나 직능단체, 시민사회단체 등 다양한 행위자들이 남북한 교류협력 거버넌스의 실질적인 주체가 된 반면, 북한의 행위자는 민화협, 민경련 등을 비롯한 일부 단체에 한정되었다. 더욱이 이들 단체들은 북한 당국의 통제를 받는 공식 기관의 성격을 띠고 있었다.[1]

하지만 동시에 남북한 교류협력 거버넌스가 활성화되면서 북한의 행위자를 다변화시키는 긍정적 역할을 했음도 부인할 수 없다. 무엇보다 남한

1 북한의 대남·통일정책 거버넌스 행위자에 대한 상세한 논의는 다음을 참조할 것. 최진욱·임순희·강동완, 『북한의 국가-사회관계와 통일정책 거버넌스』(통일연구원, 2008), pp. 41-83.

의 카운터파트에 조응할 수 있는 새로운 단체가 설립되기도 했다. 다시 말해서, 남북한 교류협력의 증대는 다양한 파트너십 창출에 대한 요구를 증가시킴으로써 남북한 간의 '형식적 상동성'을 형성하려는 노력으로 북한 사회가 분화하는 데 기여하였다.

반면에 이 협의체들은 정부와의 가까운 협력체계를 확보한다는 이유로 순수민간단체의 협력체라는 속성이 약해진 한계도 드러냈다. 또한 대북사업의 효율성을 명분으로 내부의 자율성과 소통보다도 소수 전문가들의 결정과 권위적 집행방식이 나타나기도 했다. 북한과의 접촉을 가능케 하는 것 자체가 일종의 통로권력이 되어 협력체 자체의 권력화 현상도 일부 나타났다. 공식적으로는 모든 산하단체들의 연대협의체로 되어 있으면서도 다수의 내부단체들이 소외되었다는 내부 비판도 적지 않다.

또한 지난 10년 동안 형성된 남북한 교류협력 거버넌스는 강한 경로의존성을 보이고 있으며, 이 경로의존성은 새로운 유형의 거버넌스 출현을 제약하고 있다. 이명박 정부가 출범하고 새로운 대북정책이 제안된 지 2년여가 지났음에도 불구하고 새로운 유형의 거버넌스가 출현하거나 새로운 거버넌스의 주체가 등장하지 못하고 정체된 상태에 있다. 지난 10여 년 동안 북한과 파트너십을 형성하면서 남북교류협력을 주도했던 협의체들을 뛰어넘어 북한과 새로운 파트너십을 갖은 새로운 협의체들이 이명박 정부에서는 아직 등장하지 못하고 있는 것이다.

다른 한편으로, 현재 이명박 정부 들어서 남북한 교류협력 거버넌스가 침체기를 맞은 것은 이전 정부에서 지원했던 예산과 정책적 조치가 이루어지지 않았기 때문이라고 할 수 있다. 따라서 현재는 촉진요인이 중단된 상태이지, 새로운 교류협력 거버넌스가 창출된 상태는 아니라고 볼 수 있다. 결론적으로 정부의 재정지원과 정책조치를 통해 이전 정부가 형성해 놓은 남북한 교류협력 거버넌스를 발전적으로 지속해 가거나, 아니면 패러다임의 변화라 할 수 있는 새로운 형태의 남북한 교류협력 거버넌스 모형의 창출이 요구되는 시점이다. 다시 말해서, 서론에서 가설 모형으로 언급한 것처럼 남북관계가 개선되는 수준에 따라 남북한 교류협력 거버넌스는 사회문화중심형에서 정치경제중심형으로 발전해야 하지만 현재 상황은 전자의 모형에서 정체된 상태라고 볼 수 있다.

지난 10년의 사회문화 분야 교류협력을 살펴볼 때 거버넌스 연구에서 다음과 같은 문제들이 고려될 필요가 있다.

첫째로 민간 분야 교류협력의 성격에 대한 종합적 이해가 필요하다. 남북관계를 민간 부문을 중심으로 보면 비대칭성이 중요한 특징의 하나로 나타난다.[2] 북한에 민간 부문을 대표할 주체가 없고 체제 자체가 민간 부문을 허용하지 않는다는 근본적인 조건을 벗어날 수 없기 때문이다. 민간 부문의 자율성이 거의 존재할 수 없는 북한 사회와 민간 부문의 교류협력을 추진한다는 것이 무엇을 의미하는가에 대하여 진지한 검토가 필요하다.

둘째는 민간 부문의 교류협력에서 적용되어야 할 원칙을 새롭게 정리해야 한다. 교류협력의 양적 확대나 지원규모의 팽창, 빠른 속도를 중시하는 것은 민간 부문의 원칙이 될 수 없다. 다시 말해 효율성이나 업적주의의 유혹에서 벗어나 자율성과 자발성이 제도적으로 뿌리내릴 수 있도록 해야 하며, 민간 부문의 자생력을 키우는 일이 가장 중시되어야 한다. 사회문화 분야의 교류협력은 그것이 가시적으로 만들어 내는 실질적 결과보다도 오히려 이 과정에서 생겨나는 자발적인 신뢰와 동기, 소통과 교류의 경험 자체가 소중한 자원이 되기 때문이다.

셋째로 민간 부문의 이런 특징 때문에 매우 정교한 거버넌스가 필수적이라는 점을 주목해야 한다. 이데올로기적 대립과 정치적 논쟁으로부터 아직은 자유롭지 못한 남한의 시민사회 내에서 북한 관련 활동이 독자적으로 자기 동력을 지닐 수 있으려면 정부와 사회의 폭넓은 이해와 후원이

2 박명규, 「남북관계와 비대칭적 분단국체제론」, 『통일과 평화』 창간호(2009), p. 10.

반드시 뒤따라야 한다. 실제로 정책적 이해와 뒷받침이 없이는 북한을 대상으로 하는 민간 분야의 교류협력이 자발적으로 확대되기는 매우 어렵다. 뿐만 아니라 앞서 언급한 남북관계의 비대칭성으로 인해 불가피하게 대북한 접촉의 제한과 관리가 불가피하다. 이렇게 볼 때 수많은 민간단체들을 민주적으로 조율하면서 남북교류협력에 유기적으로 결합할 수 있도록 하는 협력체 형태의 거버넌스는 불가피할 뿐 아니라 필수적일 수도 있다.

한편, 이 연구에는 몇 가지 이론적 과제가 여전히 남아 있다. 첫째는 거버넌스의 유형과 함께 협의체 조직의 개념화이다. 우리가 사용한 '교류협력'이나 '교류지원'은 임시적이고 부정확한 개념일 수 있다. 또한 남북교류협의체는 조직론적으로 보면 단일조직과 네트워크의 중간에 위치한다. 이를 임시적 개념으로 '협의체'로 명명할 수 있으나 유형에 따라 우산조직, 해면조직, 망상조직 등으로 개념화할 필요가 있다. 네트워크 역시 중앙집권형, 이중조직형, 순환형, 탈중심적 상호 네트워크형으로 개념화할 수 있다. 또한 분석적 차원에서 이 연구는 국제대북 NGO가 연구대상에 포함되지 못했다. 또한 이 연구는 사회문화 교류협력 분야의 거버넌스 분석에 초점을 맞춤으로써 개성공단·금강산관광과 같은 경제협력 모델의 거버넌스와 어떤 차이점이 있는지는 다루지 못했다. 이상의 이론적·분석적 차원의 한계들은 향후 연구에서 계속 다루어져야 할 것이다.

김대중 정부나 노무현 정부와는 달리, 2008년에 출범한 이명박 정부는 대북정책에서 상당한 변화를 가져왔다. 북한의 변화에 관해서 김대중 정부가 '화해협력을 통한 북한 변화여건 조성론'을 제시했다면, 이명박 정부는 '북한변화와 함께 남북관계의 조속한 발전'을 지향하고 있다. 또한 김대중 정부와 노무현 정부가 '남북 당사자 원칙에 기초하여', '국제적인 지지 확보' 또는 '국제협력'을 추진할 것을 말한 데 반해, 이명박 정부는 '국제협력과 남북협력의 조화'를 말하고 있다.[3] 이런 변화는 지금까지의 정부와 대북지원단체의 관계, 그리고 대북지원단체들의 협의체 운영방식에 커다란 변화를 가져올 수 있다. 민간 부문의 거버넌스는 그만큼 남북관계나 남한 정부의 대북정책 원칙에 따라 유동적이며, 고정된 틀을 갖추기가 어렵다. 그럼에도 불구하고 지난 10년간의 거버넌스는 현재의 남북관계에서 출현할 수 있는 구조적 성격을 지닌 것이기도 하다.

남북관계의 변화에 상응하여 유연하면서도 원칙이 분명한 대응양식을 발전시켜 나가는 것은 오랜 시일이 걸릴 것이다. 장차 북한이 민간 부문의 자율성과 다원성을 수용하고 이 부문의 독자적 관계성을 받아들이게 될 때 비로소 민간 부문의 남북한 교류협력이 스스로의 독자성과 자율성, 다원성을 바탕으로 통합적 힘을 발휘할 수 있게 될 것이다. 그때까지, 또 그런 상황을 앞당기기 위해 우리 사회가 어떤 민간 부문 거버넌스를 발전시켜나가야 할지에 대한 진지한 탐구와 실천이 필요하다. 민간 부문이 어렵다고 해서 정부가 주도하려 들거나, 내부의 다원성을 이념적으로 판단하거나 정치적으로 규율하는 것은 결코 도움이 되지 않는다.

지난 시기 민간 부문 교류협력체의 경험에서 나타난 문제점을 전적인 실패로 폄하하거나, 이념적인 잣대로 부정하는 것은 소중한 경험적 자산을 버리는 꼴이 된다. 소중한 경험을 미래를 위한 자산으로 만들기 위해서는 단순한 평가가 아닌 진지한 교훈을 얻으려는 자세가 필요하며 어려움 속에 담겨 있는 가능성을 주목해야 한다. 이 연구가 지난 시기 거버넌스의 경험이 보여 준 문제들을 보완하면서 그 가능성을 한 단계 더 발전시키려는 노력의 하나가 되기를 기대한다.

---

3 박형중, 「지속가능한 대북정책을 위한 모색 1: 지난정부 10년의 정책을 중심으로」, 『남남합의를 통한 지속가능한 대북정책 모색』(민화협 주최 2009 남남대화 화해공영 포럼 발표자료집, 2009. 5. 14), p. 23.

참고문헌

강동완, 『대북지원정책 거버넌스: 남남갈등을 넘어 남북상생으로』, 한국학술정보, 2008.

강동완, 「정부 합동사업의 평가 및 개선방안」, 통일부 용역과제, 2009.

강동완, 「정책네트워크 분석을 통한 대북지원정책 거버넌스 연구: 정책결정과정을 중심으로」, 『국제정치논총』 제48집 1호(2008): 293-323.

강동완, 「지방자치단체의 남북 교류협력사업 발전방안」, 『지자체 남북교류협력사업 10년의 성과와 향후 발전방향』, 경기개발연구원·남북협력제주도운동본부 공동주최 워크숍 발표자료, 2009. 3. 26.

강동완·양현모, 「대북 인도적 지원사업의 민관협력체계 개선방안」, 『정책연구』 통권 161호(2009): 135-179.

강정석 외, 『정부혁신의 이해』, 한국행정연구원, 2005.

곽승지, 「주체사상의 이론체계」, 세종연구소 북한연구센터 엮음, 『북한의 사상과 역사인식』, 한울아카데미, 2006.

곽진영, 『거버넌스 확산과 내재화』, 대영문화사, 2009.

국가안전보장회의(NSC), 『평화번영과 국가안보』, 국가안전보장회의 사무처, 2004.

김갑식·정현곤, 「'남북교류 거버넌스'의 실태 분석 및 평가: '6.15남측위원회'를 중심으로」, 『한국정치연구』 제17집 1호(2008): 189-215.

김경동 외, 『참여민주주의 실현을 위한 시민사회와 시민운동』, 아르케, 2004.

김국신, 『남북한 통합을 위한 바람직한 통일정책 거버넌스 구축방안』, 통일연구원, 2005.

김국신·장의관·강동완 외, 『한반도 평화·번영 거버넌스의 모형 개발 및 발전방안(총괄보고서)』, 통일연구원, 2008.

김근식 외, 「남북한 사회·문화 협력 거버넌스 실태조사」, 통일연구원, 2006.

김덕룡, 「보수도 진보도 민족화해를 위해서는 서로 '人和'의 마음을 열어야 합니다」, 『민족화해』 통권 38호(2009): 4-9.

김병연·박명규·김병로·정은미, 『남북통합지수, 1989~2007』, 서울대학교출판문화원, 2009.

김석준 외, 『거버넌스의 정치학』, 대영문화사, 2002.

김석준 외, 『뉴거버넌스 연구』, 대영문화사, 2000.

김의영, 「동아시아 거버넌스에 대한 문헌연구」, 『동아시아 거버넌스』, 대영문화사, 2009.

대북협력민간단체협의회·대북지원민관정책협의회, 『대북지원 10년 백서』, 도서출판 늘품, 2006.

문순홍, 『정치생태학과 녹색국가』, 아르케, 2006.

민병원, 『복잡계로 풀어내는 국제정치』, 삼성경제연구소, 2005.

박광기·박정란, 「한국의 통일·대북정책 60년: 회고와 전망」, 『정치·정보연구』 제11권 1호(2008): 161-190.

박명규, 「남북관계의 비대칭적 분단국체제론」, 『통일과 평화』 창간호(2009): 3-28.

박종철 외, 『평화번영정책의 이론적 기초와 과제』, 통일연구원, 2003.

박형중, 「북한의 현실과 장래에 대한 판단과 대북정책」, 『이명박 정부 대북정책 비전 및 추진방향』, 통일연구원, 2008.

박형중, 「지속가능한 대북정책을 위한 모색 1: 지난정부 10년의 정책을 중심으로」, 『남남합의를 통한 지속가능한 대북정책 모색』, 민화협 주최 2009 남남대화 화해공영포럼 발표자료집, 2009. 5. 14.

백낙청, 『어디가 중도이며 어째서 변혁인가』, 창비, 2009.

서창록 외, 「한반도 평화·번영 거버넌스 구축을 위한 이론적 틀」, 황병덕 외, 『한반도 평화·번영 거버넌스의 실태조사』, 통일연구원, 2006.

안찬일 외, 『10명의 북한 출신 엘리트들이 보는 10년 후의 북한』, 인간사랑, 2006.

양현모·이준호, 『남북한 교류·협력 효율화를 위한 거버넌스 모형 구축』, 통일연구원, 2008.

에드워드 윌슨 저, 『통섭(Consilience)』, 최재천·장대익 공역, 사이언스북스, 2005.

여인곤 외, 『정보화 시대 통일정책 거버넌스 개선방안』, 통일연구원, 2004.

유팔무, 「비정부사회운동단체(NGO)의 역사와 사회적 역할: 시민운동과 정부와의 관계를 중심으로」, 유팔무·김정훈 엮음, 『시민사회와 시민운동 2: 새로운 지평의 탐색』, 한울, 2004.
윤영수·채승병, 『복잡계 개론』, 삼성경제연구소, 2006.
이경수, 「[사람들] 창립 10년 맞은 민화협 이운식 신임 사무처장: 통일문제 국민협약 체결 남남대화에 주력」, 『민족21』 통권 91호(2008): 89.
이교덕 외, 『남북한 사회문화협력 거버넌스 활성화 방안』, 통일연구원, 2007.
이금순, 「대북 인도적 지원의 성과와 한계」, 『사회과학연구』 제27권 1호(2001): 12-33.
이종무, 「대북인도지원 시스템의 발전 방안 연구」, 경남대학교 북한대학원 석사학위 논문, 2005.
이종무·최대석, 「동북아 대북지원NGO의 현황과 교류협력 실태」, 『동북아 NGO 연구총서』, 통일연구원, 2005.
이창헌, 「김대중 정부 출범 이후 북한의 대남정책」, 『한국동북아논총』 제20집(2001): 145-158.
임승빈, 「정부와의 파트너십 관계에서의 시민단체의 자율성과 책임성 확보를 위하여」, 시민사회포럼·중앙일보시민사회연구소 엮음, 『참여민주주의 실현을 위한 시민사회와 시민운동』, 아르케, 2004.
조한범 외, 『비정부기구(NGO)를 통한 남북한 교류·협력 증진 방안 연구』, 통일연구원, 2000.
최재천·주일우 엮음, 『지식의 통섭: 학문의 경계를 넘다』, 이음, 2007.
최진봉, 「재외동포 민주평통 자리싸움 왜?」, 『한겨레』, 2009. 7. 1.
최진욱·임순희·강동완, 『북한의 국가: 사회관계와 통일정책 거버넌스』, 통일연구원, 2008.
통일노력60년 발간위원회 편, 『하늘길, 땅길, 바닷길 열어 통일로』, 다해, 2005.
통일부, 『남북협력기금백서』, 통일부, 2008.
황병덕·김갑식·강동완, 「결론」, 황병덕 외, 『한반도 평화번영 거버넌스의 실태조사(총괄편)』, 통일연구원, 2006.
황병덕·서창록·여인곤 외, 『한반도 평화·번영 거버넌스의 실태조사(상)』, 통일연구원, 2006.

Holland, J., *Hidden Order: How Adaption Builds Complexity*, Cambridge: Perseus, 1996.

Kooiman, J., ed., *Modern Governance: New Government–Society Interactions*, London: Sage, 1993.

Karns, Margaret P. and Karen A. Mingst, *International Organization: The Politics and Processes of Global Governance*, Boulder: Lynne Rienner Publishers, 2004.

Marschall, M. "From States to People: Civil Society and its Role in Governance," *Civil Society at the Millennium*, ed. CIVICUS, West Hartford: Kumarian Press, 1999.

Solé, Ricard V. and Brian Goodwin, *Sign of Life: How Complexity Pervades Biology*, New York: Basic Books, 2001.

Stehr, N. and Richard V. Ericson, "The Ungovernability of Modern Societies: States, Democracies, Markets, Participation, and Citizens," *Governing Modern Societies*, Toronto: University of Toronto Press, 2000.

Yaneer, Bar-Yam, *Dynamics of Complex Systems*, Cambridge: Perseus, 1997.

찾아보기

▮ Abstract ▮

The Structure and Dynamics of Inter-Korean Exchange and Cooperation Governance

Jung, Keun-Sik

Jeong, Eun-Mee

Kang, Dong-Wan

Since 1990s, North and South Korea have gradually entered into exchange and cooperation, and under President Kim Dae Jung and Roh Moo Hyun's reconciliation and cooperation policy, the relationship was rapidly expanded. The significance of inter-Korean exchange and cooperation during this period is marked with the establishment of new councils (including non-government organizations) to coordinate domestic and foreign networks, and the institutionalization of a distinctive form of governance by the councils.

Each council was unique in terms of the level of government involvement, numbers and characteristics of engaged councils, sources of finance, and communication channels or partnership with North Korea among others. Furthermore, the councils created a new form of governance through performing representative roles of membership or forming policy networks with governments.

The purpose of this research is to analyze and evaluate the structure and dynamics of inter-Korean exchange and cooperation governance formed by councils in the field of social and cultural exchange. These councils have played a pivotal role of liaison between the North and the

South Korean governments by internally connecting various non-government organizations. Also, this research contains case analysis on the National Unification Advisory Council, Korean Council for Reconciliation and Cooperation, Korea NGO Council for Cooperation with North Korea, and the June 15th Joint Declaration Practice Committee, as the leading councils of governance.

The above four cases are varied in terms of organizational form, legal base, characteristics of participants, and the base of resources. That is the reason why it is hard to analyze these four councils within a unified analytical framework. However, many of Track II inter-Korean exchange and cooperation in the past were mostly promoted within the structure of these councils. Moreover, the institutional foundation of the councils is also considered as the core framework of inter-Korean exchange and cooperation, which is why these councils are more than qualified to have representative- ness.

A discussion such as this highlights the implications on developing a new system of inter-Korean Exchange and Cooperation. In other words, it is necessary to reexamine the characteristics of past inter-Korean exchange and cooperation, and to look for any problem in the reproductive structure of spontaneous power by the civil society. Under the current situation where exchange and cooperation governance are fundamentally affected by governmental policy changes, the spontaneity of civil society or communicative structure of Track II dialog between North and South Korea has become regarded as weak. We must carefully examine this weakness and prepare for the future.

The subject of inter-Korean exchange and cooperation in the social and cultural field is definitely very important, and thus, should be improved with new means. Therefore, a sincere effort to turn past experiences into intellectual properties for the future is necessary. Now is the time to carefully examine what properties are needed to be maintained from past experiences or problems in order to overcome and reorganize the new institutional structure of inter-Korean Exchange and Cooperation. Although it is regrettable that exchange and cooperation at this moment is being delayed or even regressed, if we can prepare a new institutional structure and the wisdom of governance based on past experiences, present moment can provide us with new opportunities.

| 저자 약력 |

정근식(Jung, Keun-Sik)

(현) 서울대학교 사회학과 교수
서울대학교 사회학과 문학 박사
서울대학교 사회학과 학사, 석사
(전) 한국비판사회학회 회장

주요 저서
『(탈)냉전과 민주주의』(편저)
『북한 김정은 후계체제: 구축과정, 엘리트, 정책, 안정성』(공저)
『오키나와 미군기지의 정치사회학』 I, II(공편저)
「북한의 집단체조와 문화정치」, 『당대비평』 19호(2002) 외 다수

정은미(Jeong, Eun-Mee)

(현) 서울대학교 통일평화연구원 HK연구교수
서울대학교 사회학과 사회학 박사
숙명여대 영어영문학과 학사, 서울대학교 사회학과 석사

주요 저서
『연성복합통일론: 21세기 통일방안구상』(공저)
『통일의식조사: 2007~2011』(공저)
『남북통합지수 1989~2007』(공저)
「북한 개혁에의 사회주의 개혁이론의 비교 적용」, 『경제와 사회』 87호(2010)
「북한의 체제 생존력과 농촌의 역할」, 『농촌사회』 19집 1호(2009) 외 다수

강동완(Kang, Dong-Wan)

(현) 동아대학교 정치외교학과 전임강사
성균관대학교 정치외교학과 정치학 박사
성균관대학교 정치외교학과 석사

주요 저서
『대북지원정책 거버넌스』
『한류, 북한을 흔들다』(공저)
『북한개발지원 추진방안』(공저) 외 다수

서울대학교통일학연구총서

01 **북한체제의 형성과 한반도 국제정치**
김세균 외 7인

02 **북한 산업개발 및 남북협력방안** – 지리적 접근
박삼옥 · 허우긍 · 박기호 · 박수진

03 **탈북 가족의 적응과 심리적 통합**
이순형 · 조수철 · 김창대 · 진미정

04 **남북한 환경정책 비교연구 1** – 자연환경, 자원 및 에너지
윤여창 외 6인

05 **남북한 환경정책 비교연구 2** – 물환경, 대기, 폐기물, 도시계획
김정욱 외 4인

06 **남북통합지수, 1989–2007**
김병연 · 박명규 · 김병로 · 정은미

07 **통일한국의 어린이 영양**
이연숙 · 윤지현 · 심재은 · 장수정

08 **북미 대립** – 탈냉전 속의 냉전 대립
장달중 · 이정철 · 임수호

09 **네트워크 세계정치** – 은유에서 분석으로
하영선 · 김상배 엮음

10 **김일성사회주의청년동맹과 조선민주녀성동맹** – 사회변동과 체제유지의 기제
이온죽 · 이인정

11 **다플랫폼 다채널 시대의 통일방송**
윤석민 · 배진아 · 곽정래 · 이현우 · 채정화

12 **기초자료로 본 독일 통일 20년**
임홍배 · 송태수 · 정병기

13 **탈북인의 공 · 사적 관계와 의사소통**
이순형 · 김창대 · 진미정

14 **북한의 『조선어학전서』 연구**
권재일

15 **판례로 보는 남북한관계**
이효원

16 북한 경제에서의 시장과 정부
김병연 · 양문수

17 통일농업 성장보고서(1991-2009) - 남북농업 교류협력 평가와 발전방향
최정남 · 김완배 · 리금 · 최장호

18 남북한 교류협력 거버넌스의 구조와 동학
정근식 · 정은미 · 강동완